ひとこと化

人を動かす
「短く、深い言葉」
のつくり方

坂本和加

ダイヤモンド社

はじめに

短い言葉で伝えるにはコツがいる

「一番言いたいことをうまくまとめられない」
「この文章だと相手に伝わる感じがしない」
「売れる商品名や響くキャッチコピーは、どうやって考えればいいんだろう」
「SNSやメールで端的に伝えるには……」

頭の中に言いたいことはぼんやり浮かんでいるけれど、うまく言葉にできない。この本を手に取ってくださった方は、そんな悩みをお持ちの方が多いのではないかと思います。

私の職業はコピーライターです。このコピーライターという職業、それはたった数文字を考える仕事です。一見簡単そうな、しかも誰が読んでも理解できるような、わかりやすい言葉が並んでいるだけのように思われますよね。

私がこの職業を知ったばかりのころ、あまり深く考えずに「あれなら私にもできる」と思い込んでいました。あの日からもう四半世紀。書く仕事をこころから楽しくできるようになるのに、相当長い時間がかかってしまいました。


私には独立前まで13年間お世話になった師匠、一倉宏さんがいます。私は、広告業界の大御所である一倉さんの間近で、一流の仕事を見てきました。師匠にくる依頼の大半は、**「強い、太い、短いコピー」**です。

言葉の強さ、器の大きさ、構えの話です。打ち合わせでも、常に「強くて太いコピーをください」と言われていました。

一倉さんの手がけた「ポカリ、のまなきゃ。」や「家に帰れば、積水ハウス。」などの、いわゆるキャンペーンスローガンと言われるコピーです。

コピーに強さが必要なのは、時間軸の耐久性を持たせるため。

太さがほしいのは、なんのための広告か、誰でもわかって納得できる言葉の器にするため。

短いほうがいいのは、ＣＭやポスターでパッと見てわかるスピードがほしいから。

大手の広告代理店には、新進気鋭のコピーライターが多数控えています。それなのに師匠に依頼がくるのは、師匠が「強い、太い、短い」コピーが書けるからです。私も弟子なので、師匠の負担を減らすべく、一生懸命考えていました。

けれども、ボツに次ぐボツで、師匠から「お前のコピーは長い」ばかり言われていたような記憶があります。打ち合わせで俎上にのってもそこまでで、なかなか日の目を見ませんでした。つまりすぐには書けるようにならないものではあります(笑)。ただ、しょっちゅう考えていたので、とてもいい訓練になりました。

その訓練の甲斐あってか、徐々に短い言葉をつかまえられるようになりました。

私が考案したＪＲ東日本のキャンペーンスローガン「行くぜ、東北。」は、２０２１年にキャンペーンが終了するまで約10年間使われ、カルピスの商品スローガン「カラダにピース。」は現在まで15年以上にわたって愛され続けています。

コピーライティングは「ほめる」仕事、ポジティブな思考法

仕事上の言葉のミッションは、大きく2つしかありません。

それは、**「買いたくなる」「好きになる」**のどちらかを叶えるものということです。

「買いたくなる」は、納得感をつくること。お金を支払うのは、納得しているから生まれる行為です。「好きになる」は、ファンになる、応援したくなるということです。

その2つのミッションを伝えるために、私は必ず「ほめるポイント」を探します。「よいところ探し」、と言ってもいいでしょう。それがわからないと、「買いたくなる」「好きになる」ポイントが見つけられないからです。


親は子どもを自慢するものです。うちの子、かわいいでしょう？　こんなことができるのよ、と。けれどそれは、第三者にとって、退屈な内容のことがほとんどです。

同じようなことが打ち合わせの場でもよく起きています。企業にとっては、商品やサービスが子どものようなものだから、ついつい自慢したくなって当然です。

やっかいなのは、企業側の言いたいことをそのまま伝えても、相手にうまく伝わらなそうなときです。私は書き手として、「ほんとうにそうだ」と心底思いたい。まずは自分が納得して、そのうえできちんと伝えてあげたい。

大切なのは、まずは自分が「もし買うなら」「もしも好きになるなら」という視点を持つことです。売り手である企業側にもこの点をしつこく聞きます。

「あなたなら、どういうところが気になって買いますか？」「この商品を買ったらどんないいことが起きますか？」

「ほんとうのほめポイント」が見つかって、私自身がこれなら書けそうだ、ここを伝えてあげたい、と感じるまで打ち合わせができればＯＫ。そうでないと、あとで私がコピーを書くときに困ることになります（笑）。

「ほめること」を探すのは「ちがい」を探すこと

普段の生活でも、ほめるポイントを見つけられることは、それだけでかなりのアドバンテージになります。

ヤバイやスゴイではなく、「どう」ヤバイ、「何が」スゴイと説明できたら、それがそのままコピーライティングの仕事に直結するくらい、とても価値があります。

日本人の国民性は、長らく「同じである」ということに価値を見いだしてきました。

そのせいか、「ちがう」だけで目立ちます。

それどころか〝出る杭〟になると、目障りだと叩かれる。

私たちはなぜか他人の長所よりも、真っ先に「ちがい」や「短所」に目がいくものです。

同じであることはいいこと、という前提だからこそ、「ちがい」をネガティブに捉えてしまい、目につきやすいのかもしれません。

けれど、広告の世界に求められるのはまったく真逆のスキルです。**「同じじゃないって、いいよね」**です。それはとてもポジティブなものの見方です。

私は「どうしたらより魅力的に伝えられるか」という視点で仕事をしていますが、これが今の時代はほんとうに難しい。

高度経済成長期は、「おもしろそう！」「まだ持っていない！」という商品ばかりが次々と発売され、広告のコピーもシンプルに「新発売の商品だ」と伝えるだけで話はすみました。問題はバブル期以降で、マーケットがおおよそ満たされてしまったあと。「あってもなくてもよさそうだけど新商品」「ちょっとだけ改良されて前より少しよくなった新商品」「すごく研究されたのかもしれないけれど、中身はほぼ他社と同じ商品」。いわゆる差異性の少ない商品が、市場に出回るようになってからです。

だからこそ、「同じじゃないって、いいよね」を見つけて伝えるほうが話が早いというわけです。

スキルはいらない。大切なのは自分と向き合うこと

みなさんにイメージしてほしいのは、**「言いたいことを端的に伝えられるようになったときの自分」**です。それは、とてもハッピーで視界がスッキリと晴れたような状態です。

こころの奥底にある一番言いたいことが「ひとこと」で言えると、こころに余裕が

できます。
それがわかると楽しくなって、どう伝えるか（たとえばチャーミングにとか、かっこよくとか、ツカミたっぷりにとか）まで考え出したりして、書くことが一気に楽しくなります。それは相手に伝わるものなので、文章を書くことはもちろん、面接、仕事のプレゼンもうまくいくようになります。

たとえば、「なんのために学ぶのか」「なんのために働くのか」。ちょっと大きな問いですが、こういった考え方を「ひとこと化」して、頭の中の引き出しに持っておくと入社試験や転職などの人生の転機などでも、とても役に立ちます。
自分の行動指針のモノサシにもなれば、読み手はそのひとことから、あなたという「人柄」も感じることができるためです。人柄に惚れる、という言い方があるように、ファンになってもらえるかもしれません。

ああでもない、こうでもないと考えた結果、「みんなの笑顔をつくりたい」というひとことを思いついたとします。

志はめちゃくちゃ大きくなりました。大きくなったので、面接やプレゼンで、A社でもB社でも使えそう。ついでに政治家さんの選挙でも使えそう。でも待てよ、この本を読んでいる全員が言えてしまいそうですよね。これだと他の人と同じ！　とツッコミたくなります。実はここがとても難しいところ、なのです。

「ほんとうに思っていること」が一番大事

一番伝えたいのは自分のことのはずなのに、スケールを大きくしすぎると自分が見えなくなります。では、どうしたらいいか？

大事なのは、あなたが「ほんとうに思っていること」かどうかです。

みじんも思っていないことを表明するのは、自分をよく見せたいというつまらない欲が連れてくる嘘です。あなたが売り手なら、買い手、たとえば採用担当者も、プレゼン相手も、その嘘をすぐ見抜いてきます。

書くことは自分自身と向き合うこと。とても内省的な作業です。

仕事場はほぼ頭の中。すごく地味な作業だし、考えることが苦手な人にとってはとても骨が折れる。

「伝えたいことの核」をつかむのにはけっこう時間がかかるもので、人によってまちまちです。私自身も今ではすごく自然に、まるで呼吸するように書いていますが、そうなったのもごく最近のこと。

そういうわけで、この本を読めば、すぐに誰でも短く、深い言葉を書けるようになる、とまでは言えないのですが、この本を読めばきっとあなたが言いたい「ひとこと」のヒントがつかめる、ということは断言できます。

「ひとこと」と言っても、腹落ちをする、長くこころに留まっていくようなひとことです。話題になる旬な言葉も魅力的ですが、瞬発力が光るようなキャッチーなひとことだけでは、人のこころは動きにくくなったように感じます。

そのため、本書ではお腹の底から、いつ聞いても何度でも「そうだなあ」と思えるひとことを目指します。

人のこころは移ろうものです。刹那的なものより、じっくり深く味わうようなひとことを、できればみなさんにも目指してほしい。私自身ができるようになったことを、ひとりでも多くの方と共有したいと願っています。

「自分の言葉で、短く端的に伝わるようなことを言いたい」。

そう思うのであれば、**「自分で言葉にする」**と決めてしまうことです。時間はかかっても必ず自分でたどり着くという決意が大事です。

そして、いい言葉ができたら周りの人にどんどん見せましょう。

ああでもないこうでもないと考え、ようやくたどり着いたひとことは、あなたとその言葉を届けたい人にとって、大切な言葉になるでしょう。

CONTENTS

第2章 ひとこと化の思考法

第3章 ひとこと化の表現法

第4章 「伝わる言葉」に共通するもの

第1章

「一番言いたいこと」を見つけよう

1

ひとことにすることは、文字を削ることではない

広告に注目してもらうのは至難の業

ＣＭや新聞広告、ポスターなど、私が仕事でお渡ししている言葉は、とても短い言葉です。

広告に使われるコピーは長いものは読まれない傾向にあります。

テレビＣＭの場合も、言葉の連なりは長くなるほど難解になります。

ただでさえ、ＣＭの時間はトイレに立たれたり、録画のときに飛ばされたりしてしまう邪魔な存在です。だからこそ、「一番言いたいこと」は、できるだけ短い言葉でコミュニケーションしたほうがいい。

学生時代にティッシュ配りのアルバイトをしたことがありますが、人を「立ち止まらせる」、それだけだって大変なことです。無料で配っているのに！

CMや新聞広告、ポスターの仕事は、ティッシュさえ配ることができないので、「立ち止まってもらう」ことが必要です。

今まで仕事で納品してきた言葉は、一番短い言葉でたったの4文字しかありません。フジテレビで放送されているニュース番組のタイトル『イット！』です。

番組のタイトルなので口に出して言いやすいこと、パッと見てわかる、覚えやすいことが大切。そう考えると、長いよりも短いほうが都合がいい。そういった理由もあり、このネーミングが採用されました。

4文字に「した」のではなく、4文字に「なった」

巷には「どうやって」言葉を短くするのか、文章の削り方を指南する書籍もあふれています。長い文章を短くまとめるのもいい手法だと思うのですが、本書にはそういった「○文字にするためにはどうすればいいか」ということは書かれていません。

私の場合、文章を削って短くしているわけではなく、言葉の核をつかみにいって「ひとこと」にしているからです。

文字を削る方法をとると、必ず抜け落ちていく情報があります。そうすると、企業側から「どうしてあの内容を削ったの？」と言われかねない。削るのではないのなら、長い文章の言い換えはどうか、と思われる方もいるでしょう。スルドい指摘です。

たしかに言い換えて短くしていく方法もありますが、言い換えたときに必ずあるのが「好き嫌い」です。企業側が好む表現、というものもあります。けれど、そこで議論になってしまうのでは、ちょっとちがうのではないか。

そうではなく、**短い言葉が求められているのだから、はじめから短い言葉を探しにいけばいい。**○文字以内に収まるようにした、のではなく、結果的に「4文字になった」のはそのせいです。

短い言葉を探すためには、書き始める前に、**「短くすべきことは何か（一番言いたいこと）」**を決めておく必要があります。

私の場合、書くための目処をつけるのが、打ち合わせです。「一番言いたいこと」を同席した全員でそれなりに握っていないと、言葉が決まっていかないからです。

本書では、「一番言いたいこと」を、相手に深く短く伝わる言葉にすることを「ひとこと化」と呼び、みなさんにその思考法と表現のしかたをお伝えしていきます。

「ひとこと化」はネーミングや宣伝のためのコピーを考える以外にも、面接や営業、プレゼンなどで自分を買ってもらおう（売り込もう）、好きになってもらおう、など、日常生活のさまざまなシーンに使うことができます。

まずは「自分がもっとも言いたいことは何か」をつかむことが重要です。迷わずに直感で決めるクセをつけると、自分の感覚がスルドくなります。ランチのメニューや今日着る服をパッと決めるなど、身近なところからぜひ始めてみてください。

やってみよう

迷わずにパッと決める練習をしよう

2

「スルーされない言葉」にするには？

自分と相手の「共通項」を探そう

「一番言いたいこと」を、相手に深く伝わる短い言葉にする。

そのために最初に取りかかるのは、自分と相手の「共通項」を探すことです。

何か売りたい、宣伝したいものがある場合、その売りたいものと生活者（世の中）の間で「共通していること＝同じこと」を探していきます。

この共通項がないと、自分ごとにしてもらえず、「私には関係ない話だな」とあっさりスルーされてしまいます。

自分と相手の「共通項」を探そう

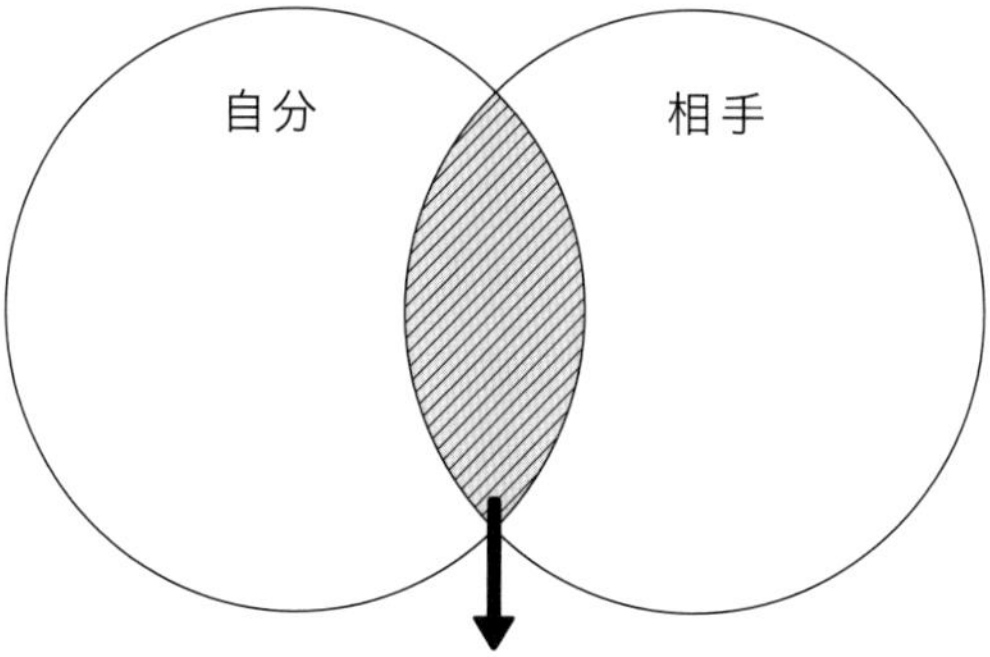

二者間に「共通していること」を言語化するから、
“スルーされにくい言葉”になる！

ＪＲ東日本の「行くぜ、東北。」キャンペーンでは、「列車で旅する東北っていいよね」をさまざまな手法で10年かけて伝えていきました。

ＪＲ東日本に寄り添いすぎると「列車はいい、最高！」という話になってしまう。生活者にだけ寄り添うなら「旅はいい」でしかありません。

その橋渡しをする考え方が「列車で旅する東北っていいよね」。この考え方を「ひとこと化」したのが、「行くぜ、東北。」です。

橋渡しをする考え方は、「共通項＝同じものを見つける」ということです。

共通項は物事を大きく捉える、大きな視野で俯瞰する、まるで森を見つめるように物事を捉えていかないと見えてきません。

私の頭の中では、いつも**「細やかな生活者の目線」**と**「世の中全体を捉える大きな目線」**、この2つの目線を行ったりきたりしています。

JR東日本がもっとも言いたいのは、新幹線に乗ってください、ということ。それだけでは、生活者の「なんで？」には応えられません。

世の中は2011年の震災後で、東北を心配する雰囲気もありましたが、年の暮れに近くなると、「復興を応援したい」という気運に満ちていました。

そんな時代背景を考えると、「東北を旅しよう」というスローガンではあまりにも呑気すぎます。「行こう、東北」では強さが足りません。そこで「行くぜ、東北。」となりました。

アクションや心意気がひとことで見えるように設計された言葉です。3つの案は意味が同じ。けれど時代性をはらんでいるのは、「行くぜ、東北。」だけです。

共通項はそのままネーミングになる

今お伝えしたのはキャンペーンの例ですが、ネーミングの場合も同じです。

先ほどご紹介したニュース番組の『イット！』の場合、「どんな番組を目指すのか」から打ち合わせがスタートしています。

わかりやすく、親しみが持てる番組名にしたい。話のネタになるにはどうすればいいか……そんなやりとりがありました。扱う題材はニュースのため、視聴者の生活に深くかかわります。

そう考えていくと、「視聴者が知りたいのは、つまらないニュースではなく使える情報」。まさに「それそれ！」が、視聴者とテレビ局との共通項です。

視聴者は**「それ、知りたかった！」**、番組制作側は**「それ、伝えたかった！」**です。

このように共通項が見つかると、依頼者側もしっかりと腹落ちします。さらには視聴者からも長く愛されるネーミングとなります。

二者間をつなぐキーワード、共通項を探すことで、自分の伝えたいことと伝えたい相手を結ぶ言葉がだんだんつかめるようになっていきます。

やってみよう

身近なものの「同じ」を探してみよう

(例) りんごとみかん

↓

果物、木の実、種がある、など

3

書く力を圧倒的に上げる「自分にキャッチコピーをつける」練習

小学校で10年以上続けている「言葉の授業」とは？

これまで、子どもから大人まで言葉をつくりたい人向けに数多くのワークショップを行ってきました。千代田区番町小学校に出向いて行うコピーの出前授業（東京コピーライターズクラブ主催）も、かれこれ10年以上実施しています。

番町小学校では、学校の周年コピー、学芸会のコピーなど、いろいろなレクチャーをしてきました。ここ数年人気の課題は「自分にキャッチコピーをつけよう」です。

ひとこと化の練習に最適な課題です。授業は以下のカリキュラムで進みます。

【自分にキャッチコピーをつけよう】

1 自分のいいところを探そう
2 写真に言葉をつけてみよう
3 どこで誰に使って、どう思われたいかを逆算しよう
4 伝えることは「ひとつ」にしよう
5 たくさん書いてみよう
6 どんどん見せて、さらに磨いてみよう

この一連の流れは、商品のネーミングやキャッチコピーを考えるのとほぼ同じ手順です。

1 は自分にキャッチコピーをつけるための材料集めです。材料は多いほうがいいので、自分の視点、友だちや家族の視点なども入れて書き出していきます。

2 はアイスブレイクです。自分にキャッチコピーをつける準備段階として、動物などの写真に言葉をつける練習をします。最後に、「今回のテーマは君たちだよ！」と

伝えます。

3 は目的の整理です。どこでなんのために使うキャッチコピーかを考えます。たとえば、中学校に入学したときや、動画で自己紹介するときに使う、などです。

さらに、「自分がどうなりたいか」を考えていくと想像がふくらみます。

4 は **1** で集めた材料からもっとも伝えたいことをひとつ選びます。

5 は表現の話です。言葉を並べ替えたり、言い換えたり、表現を工夫します。

6 は、思い通りに伝えられているかどうか、振り返ります。

発表に対して優劣はつけません。全員が100点満点、**「みんなちがって、みんないい」**です。

比喩表現の上手な子、自分の名前の漢字のおもしろさに気づく子……。はじめはにぎやかでも、だんだん子どもたちの口数が少なくなり、ひとりひとりが集中しているのがわかります。子どもたちの目がキラキラしていきます。

この自分を伝えるひとことは、子どもだけでなく、大人も何かと使えます。

私も自分のキャッチコピーを20年以上前につくりましたが、いまだに使っています。つくり方によっては生涯使えます。

自分の自分による自分のための自分のコピーです。

名前を覚えてもらうのは、実は大変なこと

たとえば、プロレスラーの棚橋弘至さんは必ず、「新日本プロレス100年に一人の逸材、棚橋弘至です」と自己紹介しています。

自分でつくったキャッチコピーを自分自身で言う、というスタイルを「あえて」とっているとおっしゃっていたのを何かで聞いたことがあります。

名前だけではなかなか印象に残すのは難しい。そのための「ひとこと」です。あなたなら、どんな「ひとこと」を自分の名前に添えますか？

小学生向けの授業では、「自分は何が好きなのか」「どうして好きなのか」「その何を伝えたいのか」「どう伝えたいのか」などなど、さまざまな角度から「自分」を見つめ

ていく作業をします。

ここでは、ほんとうに伝えたいことを「ひとつ」にしていきます。すると、とてもその人らしい「ひとこと」が出てきます。

そこには比較対象もないし、好きなことを通して見つめた自分だから、よいも悪いもありません。仕上がった言葉はオーダーメイドの自分を伝えるひとことになります。世界でたったひとりの自分だという「自尊心の見える化」。自己肯定感を上げてくれる言葉です。

印象的なひとことで「思い出される人」に

フリーランスで仕事をしていると、「私のことを思い出してもらってありがたいなあ」としみじみ感じます。

他にもたくさんの同業者がいるので、「あの人はどうか?」というときに、まず自分の名前が挙がらないことには何も始まらない。

相手が思い出してくれるのは、私のことをどこかで知って、覚えていてくれるからです。

社会人であっても学生であっても、**「思い出される人」**を目指す。まずは、社内や学校で。そのあとは同業者間で、他校の学生間で。思い出される人は、思い出してもらえる印象的な言葉をたくさん持っているようです。なんかおもしろいこと言っていたな、あの人。えーと名前は……というふうに。


最終的に覚えてもらいたいのは、自分自身の名前です。

SNS上の匿名もふくめて、名前という「ひとこと」をみなさんはもう持っている。名前はひとことじゃないと言われそうですが、短い言葉と捉えるなら同じです。


私は「仕事でつくったひとこと」を通して名前を知っていただくことが多くなりましたが、みなさんも「やっている活動や仕事」を通して、「名前（＝ひとこと）」が伝わっていくほうが格段に速い。

今やっている活動や仕事がプロフェッショナルになるための途上にあるなら、一緒に名前も伝えていきましょう。

やってみよう

「自分にキャッチコピーをつけよう」の手順を参考に、自分のキャッチコピーを考えてみよう

4

嘘なく、ほんとうのことを伝えるには？

ひとことで言えると、伝わる速度が上がる

師匠である一倉宏さんに聞いた、印象的なエピソードがあります。
あるとき、コピーライターたちの雑談で、当時超売れっ子のMさんがポルシェを買った話になり、「ポルシェ、どうですか？」とMさんに直接聞いてみたそうです。

さて、Mさんはなんと返答するのか。
短く剛速球で届くようなコピーも、洒落たコピーも得意だったMさんです。
同席したみなが耳をそばだてていると、こんなふうに言ったそうです。

「うん、速いよ」と。

当時、誰もが一度は憧れる高級車を手に入れたら、どこがスゴイか、どんなにかっこいいか、長々とうんちくを並べたくなるのが普通だと思います。

でも、そうではない。たったひとこと、「うん、速いよ」とだけMさんは言った。この潔さ、かっこよさ。これは話の短さだけではありません。そのひとことは、ポルシェが「スポーツカー」であることの価値を改めて感じさせるようなワードです。

こんなふうに言われたら、少しポカンとしてしまいそう。でも、同時にたくさんのことを受け取るはずです。

やっぱりポルシェってカッコイイだけじゃないんだ、速いんだ！　すごい！　F1カーだもんなあ……、速いって加速もすごいんだろうか……などなど。

そして「うん、速いよ」という返しが、あまりにも直球ど真ん中で、Mさんらしくてかっこいい……。今でもこのエピソードは、とてもポジティブなイメージとともに思い出されます。

これはビジネスの話ではありませんが、伝わる「速度」を上げるとは、こういうことです。ほんとうに感じたことひとつだけ、ひとことにする。

言葉を扱う仕事をしていると、ときどき言葉の善し悪しについて判断することがあります。そのとき、**最良のモノサシになるのは、いつも「ほんとうかどうか」「ストンと腹落ちするようなほんとうさ」**だと私は考えています。

たとえば、「3日でやせる!」「塗るだけでやせる!」というようなコピーは、伝わるスピードは速いし、興味は持たれるかもしれない。でも、そんなうまい話はないよね、と思われる。

「ああそうだね、ほんとうにそうだ」と思えて、なおかつ伝え方(表現)が新しい。さらに商品を買う・好きになる理由として納得感が高いときにはじめて、「このコピーはいいね」となります。

写真に言葉をつけるのは、いいトレーニングになる

「ああそうだな」と思える言葉を書くのにいいトレーニングは、写真に言葉をつけることです。

10年続いた「行くぜ、東北。」のキャンペーンではCM以外にも、ポスターも多数制作されました。1年間で多いときは100点を超えたので、10年間の総制作枚数はかなりの数です。私がポスター制作で担当した仕事はとてもシンプル。写真やイラストに言葉をつけることです。

制作チームのミッションは、ありとあらゆる伝え方で、東北の列車の旅に行きたくなる広告をつくること。そのキャンペーン全体をくくるフレームが「行くぜ、東北。」だったというわけです。

ポスターのキャッチコピーは、写真ごとに変えます。このときは、生活者とJR東日本の共通項である「旅情」をテーマに掲げて、書いてきました。

「行くぜ、東北。」キャンペーンポスター（画像提供：JR東日本）

「旅情」は、生活者にとってもＪＲ東日本の列車の旅にとっても欠かせないものです。その「旅情」の言葉化を、あの手この手で10年間やってきました。

書いたものが「ほんとうのこと」で「信じられる言葉」であるのはもちろんのこと、「私なら行きたくなる」と思えること。写真だからこそ伝えられるもの、写真の中にある世界を広げられるように書いていきました。

写真とロゴだけでもポスターは成立します。なくていい言葉はいりません。

その言葉は「ほんとうのこと」か、
「あったほうがいい」言葉か？

桜のリレーは5月までつづく。

答え合わせは、誰かに見せる前、ひとりでもできます。書くことは常に自分に問うことです。

やってみよう

手元にある写真に、ポジティブなひとことをつけてみよう。そのひとことはあったほうがいい言葉か検証しよう

Column

「マッチ売りの少女がマッチを売るには？」

「マッチ売りの少女がマッチを売るにはどうすればいいか？」

これは、私がワークショップなどでときどき使っている例題です。この例題がすぐれているのは、「コピーがなんのためにあるのか」をとてもシンプルに伝えているためです。

コピーは「商品を売るためにある」。それは言わずもがなですが、マッチ売りの少女の物語には、みなさんもご存じの通りの悲しい結末が待っています。たったひとことで助かる命があったのに！　という話です。

広告制作の依頼を受けるときには、「社運がかかっている」ことも実際にあるので、ほんとうに「ひとこと」で未来がガラッと変わったりします。

未来は、言葉ひとつでよりよいほうに変えられる可能性に満ちています。そういう意味で、このマッチ売りの少女の話はコピーライティングという仕事の本質を突いた、とてもいい例題です。

ワークショップで出会った子どもたちにも、「あなただったらマッチをどうやって売る？」と聞いたことがあります。

「今なら10円です」「ないと寒くて死んじゃうよ！」「誰より明るく照らします」など、微笑ましくもなかなかのコピーが集まりました。

答えは無数にあります。

みなさんも、もっと強い、マッチの本質的価値を伝えられる優秀な営業マンのようなひとことをぜひ考えてみてください。

5

ひとことで言えると、売れる、口コミされる

「言わなくても売れる」は古い価値観

「これからの消費を牽引する世代」と話題のZ世代を見ていると、彼らが思っていることは、**「ちゃんと伝えてほしい」**。これに尽きるように感じています。

「言わないことは美徳」という昔の価値観はもはや通用しない。「いいことをしているならどんどん言えばいいのに！」「個人のように企業もみんなからいいね！　をもらえばいいじゃん」という価値観で生きているZ世代の彼らにとって、「言わないってことは、何か言えない理由があるわけ？」という思考回路です。購買意欲もわりと高く、

「それがほんとうのことなら応援したい」という考えもありそうです。

地球環境を第一に考えて製品をつくっているパタゴニア、「think different」を掲げるアップルなど、どちらも商売をする理由（＝大義名分）を明確に伝えています。買い手側からもよく理解されている。大義名分が〝まっとう〟で〝信頼できる〟から、そのブランドが選ばれるのだと思います。

「どうせ同じお金を使うならここの商品を買いたい」。そんな気持ちでファンになる。たくさんの生活者から支持された結果、単なるメーカー企業から、他にかわりのきかないブランド企業になっています。

商品や企業を代弁するひとことは、できれば自分都合ではなく、夢や希望にあふれ、多くの人と共有できる「志」のほうがよい。

長期的に社会の問題を解決するなら、その企業を応援したいと思う人は多いはず。

もし、志と呼べるものをまだ持っていないなら、嘘のない範囲で志を見つけ出せばいいのです。

まねされない強さを生むものとは？

猫用のウェアラブル「Catlog（キャトログ）」を開発販売している株式会社RABOは、猫の生活をテクノロジーで見守る商品開発をしている会社です。その商品開発を支えるスローガンが、「すべては、猫様のために。」です。会社が「なぜそのビジネスをするのか」を、とても端的にわかりやすく伝えています。

前述した「志」の観点から言うと、「すべては猫様のためにあるのだと、そこで働く私たちは信じる」ということだと思います。

猫を飼ったことがある方なら、グッとくるひとことでしょう。

かわいらしさと媚びない美しさのバランスは猫だけのものです。猫の魅力そのものが、「猫様」というワンワードに集約されていると言っていい。

このコピーは、創業者であり代表取締役社長の伊豫愉芸子《いよゆきこ》さんが考えたものです。

私が注目するのは、そこです。

言葉を考えるのは、コピーライティングのプロでなくてもできる。プロでないからこそ自由に考えられることもあるかもしれません。

新しく事業を始めるとき、新たに投資家を募るとき、ファンのこころをつかんでいくとき、ファンが口コミをして新しいファンを増やしていくとき。そこには必ず言葉があります。

言葉は「もの」も「こと」も伝えますが、すぐにまねされてしまう「もの」より、無形の「こと」のほうが圧倒的な強さがあります。

「すべては、猫様のために。」という「こと」は、猫を飼うことで続いていく素敵な時間体験までひもづいているからです。

言葉から始まるビジネスがある。

今はまだここにない、けれど圧倒的に魅力的な考え方（＝ひとこと）が見つけられたら、その言葉にひもづいたさまざまな「こと」をもの（物質）で具現化していけばいい。

その「ひとこと」が誰もなびかないような言葉なら、ビジネス自体を少し考え直すのもひとつの手かもしれません。

やってみよう

まだ世の中にないことで、世界が幸せになることをたくさん想像してみよう

（例）・みんながゴミだと思っているようなものをお金に変える

・歩くだけで発電する

6

ゴールは「伝えたいほんとうの想いが、正しく伝わる」こと

「同じじゃない」を、ポジティブに捉える

世の中に同じような商品やサービスがあふれてくると、目新しさがなくなります。そして、いい部分が見つけにくくなり、宣伝文句も一般的でかわりのきくものになってしまいがちです。

もちろん「あの手この手」での、伝え方の手段は多数あります。ただ、一時的に興味を持ってもらえることはあっても、本質的な問題は解決しないことが多いように思います。

そこで大切なのが、はじめにでもお伝えした**「同じじゃないって、いいよね」**目線

です。他とはちがう部分を積極的に探していきます。

同じじゃない。これだけを切り出せば、ネガティブにもなります。大切なのは、「いいよね」のほうです。

実は上の句はなんでもＯＫ。「笑顔が、いいよね」は普通ですが、「怒っている顔が、いいよね」も言葉を自由に羽ばたかせる世界では大いにアリです。ツカミがキャッチーになる、というメリットも生まれます。もちろん、きちんと「なぜいいのか」を説明できることが大事です。

どんな商品、サービス、会社にも必ずよいところがある

「同じじゃないって、いいよね」と思う反面、「同じって、いいよね」と思う生活者としての市井の自分もいます。そういうわけで、ちがっても同じでも、結局どっちでも別に悪いことでもないよね、という話になります。

ネガティブなことでもポジティブに変換して捉える。このような思考をくり返していくうちに、気づいたら私はとてもポジティブな人間になっていました。もちろん性

ネガティブをポジティブに変換してみよう

例

・怒っている顔って、いいよね

・頑固って、強い意志のある人だよ

・ぼっちって、フッ軽だよね

・みんなと逆の動きをすれば世界はちがって見えるよ

・コンプレックスは強みだよ

分というのもあると思いますが、あとから職業人として染みついた部分も大きいです。

広告は存在そのものが煙たがられがちです。こうして読んでもらえるだけでありがたい。だったら、もっとおもしろく。

世の中にこれだけ言葉があふれています。どうやったら読んでもらえるのかに頭を悩ませる方が多いように思いますが、私から見ればそれは手法にすぎません。

そうではなく、ゴールは「伝えたいほんとうの想いが、正しく伝わる」こと。どんな商品もサービスも会社も、ひいてはあなたにも、必ず誰かに伝えたいよいところがあるはずですし、それさえ見つけてあげればゴールはすぐそこだったりするのです。

「同じじゃないって、いいよね」目線は、今すぐ簡単に生活に加えられます。

そしてポジティブ思考につながっていきます。

同じってそんなに価値ないよね？　という発想に至ったなら、あなた自身がほんとうの多様性、ダイバーシティを身につけたということ。素敵なおまけつきです。

ぜひ試してみてください。

やってみよう

——「同じじゃないって、いいよね」を、生活の中で探してみよう

第2章

ひとこと化の思考法

7

ひとこと化は思考9割、技術1割

ほとんどの時間を「考えること」に使っている

商品名をつけたり、事業の志を伝えるようなひとことを考えたり、売るための言葉をひとことにしたり……。

コピーライターはどうやって言葉をつくっているのでしょうか。私の場合、書くこと自体よりも、「思考」をとても重視しています。

言い得る「ひとこと」にするために必要なのは、**思考が9割、技術が1割**です。

ひとこと化は、そのほとんどを「考える」ことにあてています。この章では私が身につけた「ひとこと化の思考法」をお伝えし、第3章で技術面である「ひとこと化の表現法」について、ご説明していきます。

コピーライティングの仕事は**「課題解決」**です。

もらった課題に合わせて、商品名やスローガン、販促や集客のためのキャッチコピーなどをお渡ししています。見え方全体の旗振りであるクリエイティブディレクション(デザインもふくめた読後感まで)も仕事にはふくまれます。

最近感じるのは今と昔で、依頼の内容も変わってきているということ。

以前は、企業はとにかく商品を売りたいから「ああ、ここを言いたい!」「もっと上手に言いたい!」、それに対して「なんと言えばうまく伝わるか?」と表現部分での手伝いが多かったように思います。

でも今は**「売りたい! でもそもそも何を言えばいいのかわからない……」**という企業が多い印象を受けます。

課題の洗い出しをしよう

何を言いたいのかが明確になっていない場合は、課題の洗い出しから始めます。事業のコピーを考える場合は、事業の生い立ち、抱えている課題、世の中からどう見られているのか、どういう売上の変化があったのか、これまでのコミュニケーション、もし今後何もしなかったらどうなるか、などさまざまな角度から事実を把握していきます。

下野《しもつけ》新聞社（栃木県）では、2021年から県内向けの児童虐待防止啓蒙活動である「いのちにハグを。」キャンペーンが始まりました。私はこのキャンペーンの立ち上げ段階からかかわっているのですが、「いのちにハグを。」や「オヤコサポーター」といったネーミングを考えるだけでなく、そのコンセプトの「見える化」も行っています。

あるときは、「子育て層の世帯孤立」がテーマとして挙げられました。

これをそのまま「子育てはひとりじゃできない」「子育て孤立をなくそう」と訴えただけでは、虐待される児童数の減少につながるとは思えませんでした。

そこで、**「変わるべきは子育てをしている当事者ではなく、むしろ周りでは？」**と思い、周りの人が子育て協力の意思表示ができるよう、「オヤコサポーター」の意思表示マークをつくりました。

それをキーホルダーにして、子育てに協力したい人たちにつけてもらうことで、子育て中の人に「頼れる相手がいる」と思ってもらうことができます。

ほんとうの課題は、周りの無関心ではないか？　せっかくアクションを起こすのだから虐待を減らす、その可能性の高いほうをすべきだ、という判断です。

このように課題をどうつかむかによって、伝え方も変わっていきます。

もし自分だったら……と自分ごと化して考えていきます。

考え続けて疲れたら、実際に商品を使ってみたり行ってみたり食べてみたりする。できることは全部やってみましょう。

やってみよう

世の中の問題について、どうやったら状況が改善するか、自分ごととして考えてみよう

（例）・児童虐待
・老老介護問題

8

さまざまな視点で考えよう

「なぜ今まで買わなかったのか」「人にすすめるとしたら」

ひとこと化には想像力が必須です。

脳内で映像化して、頭の中の住人（自分もふくむ）を動かしていきます。

最初は主観で捉えて、次は商品を届けたい相手になってみる、次はその家族や恋人になってみる、などなどイメージづくりの主人公は無数にいるのでどんどん動かしていきます。さまざまな視点が持てると同時に、疑問もわいてきます。

飲料のコピーの仕事であれば、「私だったら……」から始まり、「なぜ今まで買わなかったんだろう」「誰かにすすめるなら……」と、さまざまな視点で転がしていきます。「もしも私がその飲料だったら」と想像することもあります。商品開発者の立場だけではなく、商品という〝ものを主語〟にして寄り添って考えていきます。

そのあとは世の中を見つめます。世の中の人が何に興味を持っているか、何に時間を割いているか。世の中にいるそのサービスの買い手、時勢、時流を大きく捉えていきます。木を見て、森を見て山も見るようなものです。視点のスケールを変えていく感じです。

株式会社明治の「オリゴスマート」（オリゴ糖のチョコレート）の場合は、とてもよい商品なのに、その商品のコンセプトをまだ世の中にちゃんと伝えていないことが課題ではないか、と掘り下げて考えていきました。

まだ伝えていないということは、伝える必要がないと思っていたからかもしれない。でも発売からだいぶ時間がたった今はどうだろう。伝えてみたら何が起こるだろう、と検証していきます。

オリゴスマートは、コンセプトを言葉で見える化することがミッションなので、「健康ブームの今は糖が悪者扱い。でも、そもそも糖って人間には必要なものだし、こっちはお腹にいい糖だよね？」と考えていきました。

思いついてもすぐに書き留めない

考えているときに、ひとこと化の種になりそうな言葉もチラホラ芽を出してきますが、まだ書き留めません。書き留めたくなっても、「深く」「刺さる」ひとことを求めるなら、書かないでおく。書きたい気持ちも、伝えるエネルギーに変えられるからです。

書くという行為は吐き出すことなので、「忘れてしまってもOK」と自分の忘れっぽさを肯定してしまう一面があるように思います。

自分の頭の中に留められないような「ひとこと」が、他者に残っていくはずがない。

実際に内容どころか書いたことさえ忘れてしまうこともあります。

最終的に、オリゴスマートは「糖をミカタに」というコピーがパッケージに入りました。

6文字の入力時間はほんのわずか。ひとこと化できればいい話なので、どこかに書き留めておく必要もない。

書き留めるのも書き留めないのもあなたの自由です。どちらが向いているかわからないなら両方やって、自分に合うほうにすればいい。**「ああ、書きたい」という気持ちが何より大事です。それは「書くことがある！」という状態だからです。**

やってみよう

―「これだ！」というものが見つかるまで書かない

9 ヒアリングは寄り添い重視で

「自分ごと化」できる人は話が早い

商品のネーミングやキャッチコピー、スローガンなどをつくる場合は、発注元の企業との打ち合わせで言葉を決めていきます。その際に必要なのは「寄り添う力」です。

企業のコピーの仕事を請け負うときは、企業は発注側、コピーライターは受注側の関係です。

その二者間をどう捉えるかは人によってそれぞれだと思いますが、私は関係性の強弱、どちらが上でどちらが下か、をあまり考えません。

相手が困っているのだから、自分にできることはないかと考える。机を囲んでいるメンバー全員は小さなチームのようです。ベクトルはみな同じ、「今よりよりよくする方向」を見ている。このときに大切なのが、寄り添って相手の意見を聴くことです。

「人に寄り添う」というと、みなさんはどんな会話をイメージしますか？

「そうですよね」「わかる」と共感を示すような寄り添い方もありますが、もっともっと深く踏み込んだ寄り添い方が、私はあると思います。

私がかかりつけ医に通っていたときのことです。いつもとちがう症状があったので、医師にそれを伝えたことがありました。私の症状を聞いた医師がそのとき「心配だなあ」とつぶやいた。そのひとことに、私はとても驚いたのです。いまだにこうして思い出すくらいです。

その医師がまるで「家族のことのように心配してくれた」のがうれしかった。彼は思ったことを伝えただけだと思うのですが、仕事だとわりきっていたら出ないひとことです。そこまで踏み込んで診療をしてくれるような医師に、私はその後も出会ったことはありません。

今はとてもよくわかるのですが、**「寄り添う」とは、「自分ごととして考えること」**だと思います。私が打ち合わせで一番こころがけているのは、この「自分ごと化」です。

どうやって自分ごと化するかは、**「自分だったら目線」**をどれだけ持てるかです。

自分のことのように話を聴いていけばたくさん情報が出てくるし、話が早い。

スポンジのように知識を吸収して、あっという間に「仕事ができる人」になっていく人は自分ごと化がとてもうまい。仕事でいろいろな方を見てきたので、そう確信しています。それに、相手を思いやる力、つまり想像力がアップし、言葉にする力も飛躍的に伸びます。

話を聴くときには「もしも自分が相手の立場だったら」を徹底して聴く。頼まれているのは自分ではない場合でも、「自分がやる」「自分だったら」と思って話を聴く。

それだけでも仕事に対する姿勢そのものが変わります。

「それって」で話を深める

私はこれまで、業種もちがえば所属や立場もちがう、実に多種多様な方々と打ち合わせをしてきました。

その経験から思うのは、質の高い打ち合わせほど案外話のやりとりが少ないものだということです。その理由のひとつには、各自の考えている時間のほうが長いからだと思います。

打ち合わせは、事前に考えてきたことをすり合わせる場です。それぞれが考えてきたことをみんなで発展させて、よりよい方向やアイデア、着地点を見つけるのが打ち合わせの理想形です。

質の高い打ち合わせは、会話ではなく「対話」がある。そんな印象を受けます。

対話があるというのは、打ち合わせを重ねるたびに「相手の考えていることや人間性がより深く理解できる」ようになるということです。

打ち合わせでは、私はいつも**「相手の考えを取り込む」**ようにしています。信頼関係のできている間柄ならなおさら、よいも悪いもなく、ひとまず「わかったよ」と受け止めていきます。チームがより遠くへ進むためです。

「これはどうか」という提案や問いに対して、まずは「なるほどわかった」とのみ込む。うまくいかないかもしれないなあと思っても、そこで争ったりはしません。

そうかあなたはそう思うのかと、相手を尊重します。そのうえで、「それってこういう言葉のアプローチになりますね」と書いて言葉化していく。

それによって起きることを、相手に想像させるのです。質の高い打ち合わせだと「これならうまくいく」という話が中心なので、それをまたそれって……と実際に書いて言葉をスケッチしていくこともあります。

売上を上げたいなど、みな同じ方向を見て、今よりよくなろうとしているわけです。制作総責任者なり企業側なりが「そう決めた」なら、私は全力でそれを応援します。

私の仕事は、相手の頭の中にあることをトレース（コピー）して言葉として見える化すること。最終的なジャッジは常に企業側が行います。
まず相手を尊重すると、こちらも尊重してもらえる。そのくり返しの先で対話が生まれます。帰り道にはいつも「いいこころの汗をかいたなあ（いい打ち合わせだったなあ）」と感じます。

自分の立場で考えられることを考え尽くす。打ち合わせは終わりの時間を決める。1時間の打ち合わせなら、10分短縮することをこころがける。「それって〜」を常に掲げて話を聴く。

これだけでも「よい発言」ができるようになり、建設的な会議となるはずです。

会議の時間が長くなってしまうのは、おたがいに相手が理解していないと思うから。それならあなたが、「それって〜」をこまめに返してあげれば、話し手に**「あなたの言いたいことをわかっているよ」**も、一緒に伝えられます。
会議は「それって〜」で、どんどんひとことにして返してあげれば、ひとこと化のよい訓練になります。比喩表現も多発せざるをえなくなります。

紙やボードに書いてもいいでしょう。書いたとたんに、文字が映像になって、参加者の記憶に残り、客観視できるので、結果的に話の早さ、会議の短縮につながります。

ネガティブになりがちな話題もポジティブに返す

「それって〜」のルールはネガティブなワードを使わないことです。

ネガティブな思考からは、いいものは生まれません。

ネガティブなワードになりそうなら、ポジティブなワードに変換して話しましょう。

たとえば、「それって、私の仕事が増えますよね」ではなく、「それって、私の仕事の幅が広がりますね」などに。仕事がパンクしそうになったら、もうすぐパンクします、土日はパンク修理中です、と先回りでお知らせしておきましょう。

とにかく目の前の会議に夢中になること、わくわくすることです。

いい解決につながる「ひとこと＝アイデア」は、プラス思考で考え続ければ出てくるものです。

やってみよう

相手の発言に対して、「それって〜ということですよね」とポジティブに返してみよう

Column

「諸般の事情」は横に置く

打ち合わせでよく思うのは、いざコピーを決めようというときに、みなさんがそれぞれの立場で「多くのものを抱えすぎている」ということです。

その原因は、建前やメンツなどの「諸般の事情」のようなもの。個人的な事情もふくみます。誰でも人とのかかわりの中で仕事をしているので、どうしてもしかたがないこともあると思います。

○○の事情があるので、あれも入れたい、これも入れたい……。けれど、前が見えないほどの荷物を抱えたまま前に進もうとしてもそれは無理。諸般の事情は一度全部取り除いて考える。それからどうすればいいか、考えてみるといいのではないでしょうか。一流の方の集まる打ち合わせでは、建前よりメンツより、本音で進みます。

思えば、かつての私もイマイチなコピーライターでした。3、4年目ごろまで、何かと荷物を抱えてしまっていました。常に短い言葉が求められる仕事なので、優先順位を考え、そぎ落とすべき情報を精査しようとしていました。結果的に、コピーは何も書けません。気づけば朝です。

書いても不安になります。できた、とならない。企業側の担当者が「この情報は入れないのですか?」と不安になるのと同じです。その言葉を削っていい理由を、そもそも自分自身に対しても、明確に説明できないからです。

ほんとうは、常に明確な理由を持ってひとことを探しにいく。これが正解です。そのほうが、圧倒的にラクです。

「明確な理由」は物事の先っちょにはありません。だから、根っこを探す。探すから本質が見つかる。

諸般の事情は雑念にしかならないので、まずは手放しましょう。すると、ほんとうに伝えたい一点が見えてきます。

10

「なんのためにそれをするのか」を考える

その言葉の「ねらい」はなんですか?

物事にはなんでも「ねらい」があります。「なんのためにそれをするのか」です。ポスターやCM動画なら「買ってほしい」「好きになってほしい」が「ねらい」にあたりますが、ここでは少しスケールの大きな「ねらい」の話をします。

はじめにでもお伝えしましたが、「なんのために学ぶのか」「なんのために働くのか」、それをひとことにすれば、学生や会社員の面接や就職活動にも使えます。もっと言うなら、人生の指針にだってなります。たぶん多くの方は「お金のためだよ?」と即答しそうですが、別にまずいことではありません。それが相手に素敵だと受け入れられるかどうかは別の話で、それでよしとするかは自分のこころの問題です。

もしあなたがオフィスワーカーなら、「なぜそれを売るのか」「なぜその会社で働くのか」を見つめてみる。さて、どんなひとことになりそうでしょうか。

ねらいのひとこと化は、何も「個」に留まった話ではありません。社名に掲げるスローガンなら、「なんのためにこの会社は存在するのか」になります。

もちろんチーム・仲間でも共有できます。「なんのために活動をするのか」「なんのための集まりなのか」、存在意義（パーパス）を「ひとこと」にする。

ひとこと化できれば、こころをひとつにできます。スローガンの意味は、「標語」や「合言葉」と辞書に書いてありますが、もっとかみ砕いて言うと「エイエイ、オー」です。こころがアガる言葉になっていると、なおいいです。

共感ではなく、「共鳴」を目指す

私は仕事でもワークショップのときでも、共感ではなく、「共鳴するひとこと」をつくりましょう、とみなさんに伝えています。

共感と共鳴、とてもよく似ていますが2つはまったくちがう言葉です。

共感は、感情の共有です。「いいね！」と、同じように思うことです。一方、共鳴は、自分ではない他者の考えや行動に対して、「いいね！」をすることです。同じ「いいね！」ですが、軸のある場所がちがうのです。


「こたつに入って食べるのは、やっぱりみかんだよね」と発信したとします。「そうだよね、やっぱりみかんだよね」と思う人もいれば、「いや、こたつに入ってアイスを食べるのが最高でしょ！」と思う人もいる。

今、時代は多様性です。共感コピーを目指しても、「私はそう思わない」と堂々と言う人が、たくさんいておかしくない時代なのです。


だからこそ、「共鳴」が大事なのです。共鳴は「他者の考え方や行動」に「いいね！」をすることです。やっていることが素敵だね、と思うのが共鳴です。

善し悪しの軸は、世の中ではなく、発信者にあります。

「行くぜ、東北。」というスローガンもそれにあたります。

震災後にせっせとレールを敷き直してインフラを真っ先に回復させたJR東日本の志が入っている、自分たちのやっていることは「行くぜ、東北。」だ、と宣言しています。そこには東北を旅で応援したいという生活者の思いも「重ねられる」余地がある。そのように言葉を設計しているし、だから共鳴されるのです。

10年にわたって書いてきたすべての共感コピーは、「行くぜ、東北。」のためにあった。だから長く使われていったのです。

共鳴できるコピーは、「この指とまれ！」の言葉です。

「行くぜ、東北。」は広告キャンペーンですが、この考え方が企業のロゴに入れば企業スローガンです。

企業スローガンには強い意志を感じるものが多くあります。**「そうすることに決めた！」**と企業が宣言しているからです。

共鳴は、生活者が**「そんなあなたを応援するって決めた！」**というもの。まさに「その指とまった！」ということなので、ファンづくりにつながるひとことです。

共鳴されるひとことは、ファンを生む

共鳴されるひとことを持つと、他にもいいことはたくさん起こります。

内側に向かう話をするなら、社員と会社のエンゲージメントが強くなります。事業が大きくなると従業員も多くなり、仕事の内容も細分化していきます。そのとき「なんのためにそれをするのか」を言葉で見える化できていると、やっていることにブレがなくなり、「仕事＝事業のすべきこと」のモノサシになります。

たとえば、明治ホールディングス株式会社のグループスローガンでは「健康にアイデアを」というひとことをお渡ししました。このスローガンを掲げることで、社員ひとりひとりが自分のしている仕事に対して、「健康にアイデアがあるかどうか」のモノサシを持ったそうです。

また、サントリーグループの掲げる「水と生きる」は、コピーライターの古居利康

さんが書かれたスローガンです。このスローガンは今では社員の行動指標に近いものになっているそうで、「俺、最近、水と生きているかな」と、社員の方が真顔で言っていたと、古居さんから聞いたことがあります。

外側に向かう話だと、「この指とまれ！」にとまった人は、ずっととまっている現象が起きます。ファンになるということです。**ひとたびいいなと思ったら、人はそうそう嫌いにはなりません。**ピンチのときに助けてくれたり、味方になったりもしてくれます。考え方や行動そのものに好感を持ってくれているからです。共鳴軸は宣言、宣言は約束事なので、約束をちゃんと守っている（行動に移している）間はしっかり応援してくれます。ブランドとはそうやってできていくものです。

共鳴されるひとことは企業でなくても誰でも持つことができます。

ちなみに我が家の家訓は「来たときよりも美しく」です。出かけた先では来たときよりキレイにして帰ろう！　という意味で使っています。さらに、振り返りの習慣をつくるために「見返り美人した？」と声がけしています。

志、ハートを言葉にしましょう。

自分たちの活動への思いをひとことにできたら、ＳＮＳや仲間を新たに募るとき、ウェブサイトや名刺などに入れてアチコチで使えます。どんどん伝えて、好きになってもらいましょう。

やってみよう

自分の生き方を決めて、ひとことにしてみよう

（例）・悪口を言わない自分になる

・人にやさしくする

11

ひとこと化の5つのステップ

まずは何が課題なのかをしっかりつかむ

ここまで読んできて、ひとことにするのって難しそう、と思いましたか？　でも、安心してください。次の5つのステップを踏めば、「一番言いたいこと」が明確になり、相手に伝わるひとことにできます。

1 課題をしっかりと見つめる、つかむ

2 どうなりたいかを考える

3 世の中にとっても、プラスになるかどうかを考える

4 自分（または事業）と世の中（伝えたい相手）との共通項を探す
5 言葉にして、自分や世の中に響くかどうかを想像する

このステップ**1**～ステップ**5**を、大手流通グループ「イオン」が提供する電子マネー「WAON」のスローガンの例で考えてみます。

「WAON」は、全国約108万3000箇所（2022年10月現在）で使える電子マネーです。

「WAON」というネーミングは、電子マネーというまだなじみのないサービスを定着させるために、親しみやすい「犬」のキャラクターを設定し、犬の鳴き声をイメージしてつけたものです。決済音にも、かわいい犬の鳴き声が設定されています。

2009年に世の中にお披露目されたあとは、長らく「ポイントがたまるお得な電子マネー」という説明文が添えられ、利用者数を増やしてきましたが、ネーミングからだいぶ経ち、「WAON」をより一般の方に知ってもらうためのスローガンのお仕事をいただきました。

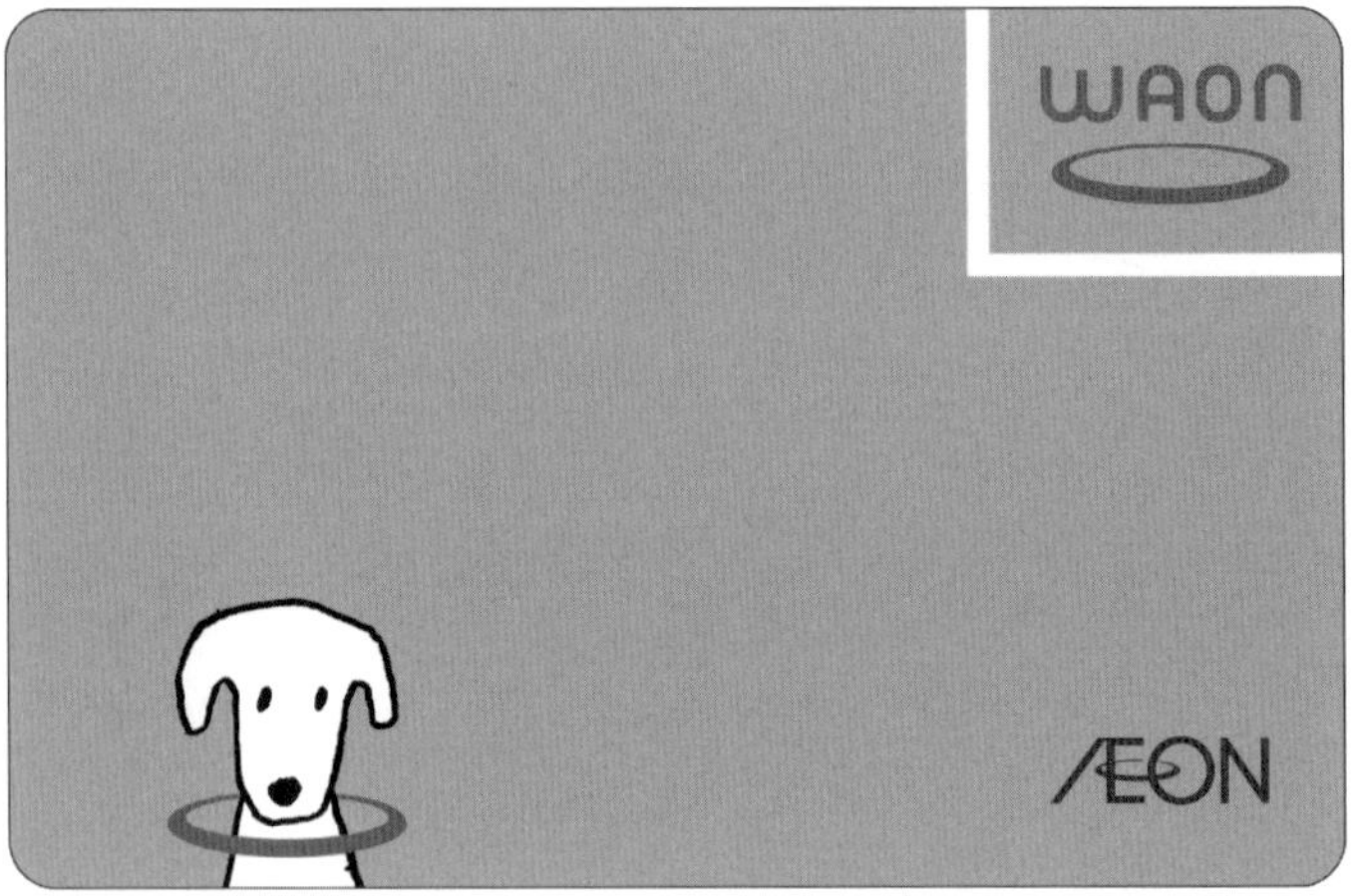

WAON（画像提供：イオン株式会社）

ステップ1の「課題をしっかりと見つめる、つかむ」では、これまでなぜうまくいかなかったのかを分析するのではなく、課題をあぶり出します。

打ち合わせをするうちに、「地方の大型店での高齢者利用を増やしたい」という課題が見えてきました。

高齢者にとって電子マネーは使い方がよくわからず、コワイものだから使うのをためらうようです。

でも実際はレジでモタモタしないなどのメリットも多く、心理的なハードルだけが高いようでした。そこで、高齢者にも親しまれるようなスローガンが必要だと考えました。

よりよい未来を描く

ステップ2の「どうなりたいかを考える」では、よりよい未来、なりたい未来を考えていきます。「WAON」の場合は、高齢者にも電子マネーを使ってもらい、今よりスムーズに買い物ができるようになることです。

ステップ3の「世の中にとっても、プラスになるかどうかを考える」では、ステップ2で見つけたことが、世の中にとってのプラスかもしっかり考えていきます。

買い手と売り手だけのハッピーに留まっているような事業は続きません。

「WAON」を使うことで買い物がスムーズになり、街が活気づいて元気になる、使っていない人までいい影響を受けて笑顔になっていく。そんなイメージです。

世の中＝社会をよくしていくサービスは、みんなに受け入れられて残っていきます。

ステップ4の「自分と世の中との共通項を探す」では二者間の共通項を見つけます。

2つをつなぐ言葉です。俯瞰してものごとを捉えていく必要があります。

「WAON」(犬)と「世の中」の共通項は、「うれしい」というキーワードでした。

「やっぱりお客さんがうれしいのが、うれしい」「うれしいって、自分たちらしい」。

これは企業側の思いです。一般的に考えても、犬が喜ぶ姿にも違和感はないし、イオンはWAONのキャラクターである犬のイラストを積極的に使っています。そして、生活者も「うれしい」が大好きです。イオンの買い物でうれしくなる理由は、安さや種類の豊富さなど枚挙にいとまがないでしょう。

ステップ**5**の「言葉にして、自分や世の中に響くかどうかを想像する」は、概ね確認作業です。「WAON」の課題は高齢者に使ってもらえていなかったこと。そこで「WAON」と生活者をつなぐ言葉、「うれしい」を伝えてみてはどうか。

「人がうれしい」は「WAON」の(イオンそのものにも近い)本質的価値なのではないか。これは今まで伝えていないぞ。伝えるとどうなるか？　と、確認していきます。

「WAON」の本質的価値は、「うれしいが好き」「人がうれしいことをする(したい)」だと、確認が取れた。そうやって商品の価値を言葉で見える化したら、チームのみん

WAONのスローガン「うれしい声がする。」（画像提供：イオン株式会社）

なも納得できます。

さて、ここから先はプロの表現領域です。本質的価値をそのまま伝えただけでは売り物になりません。うれしいが好き、ではなんの変哲もない文章だからです。

そこにワオンの財産、アイデンティティでもある「決済音＝吠え音」をかけ合わせます。ワオンという１匹の犬のキャラクターの鳴き声＝声と、お客さまの声を同義と捉え、「うれしい声」としたところがクリエイティブです。

最終的に「ＷＡＯＮ」のスローガンは、「うれしい声がする。」となりました。

「好きを仕事に」したいときも同じステップで

さて、このひとこと化のステップは職業選びにも置き換えられます。

好きを仕事に、という考え方が一時期とても流行りました。

けれども、10代の子どもたちには、実は「しんどく聞こえている」。

それは、「好きを仕事に」を言葉のまま受け取って行動に移してもうまくいかないことを、子どもなりにわかっているからのように思います。

ケーキが好きだからケーキ屋に、というまっすぐな気持ちも大切ですが、なんとなく好きなだけでは結局モチベーションが長続きしないのと同じです。純粋な子ほど、真に受けて実行しても思っていたのとちがう、と傷ついてしまう。

これは、「好き」をしっかり見つめていないから起きていることです。

「好き」を課題にして、しっかり掘り下げること。掘り下げれば、ケーキの美しさが好きなのか、食べることが好きなのか、お客さんが幸せそうだからケーキを売るのが好きなのか、あのケーキ店だから憧れたのか、いろいろ見えてきます。つくるのが好きならパティシエ、美しいケーキのデザインが好きなら、進むべきはデザイナーかもしれません。

ケーキを食べる、だったら食品メーカーで商品開発という道もあります。売ったもので相手が笑顔になるのが好きなら、営業も向いています。あのお店が好きだったからなら、店舗デザイナーの道もあります。

何もケーキでなくてよい場合だってある。**「ほんとうの好き」がわかれば、「どうなりたいか」もスムーズにわかります。**

どうなりたいか、がわかったら、世の中をよくすることとつなげていけばいい。世の中と自分との共通項、難しい表現ですが職業選びならもっとシンプルです。自分のこころがニコニコすることと、世界がニコニコすることはいくらだってあるはずです。○○でみんなを笑顔にしたい、でいいのです。

早めにひとことにして、そうすることに決めてしまう。

もちろん、そんなすぐにはしっくりくる仕事は見つからないかもしれない。

でも、こんな仕事がしたい、と言葉にしておくと、チャンスも来ます。できそうだから、仕事がくる。それでもくじけたときは、「ほんとうに好き」が支えてくれます。

自分が夢中になって時間を忘れてしまうようなことと、世の中の人が「いいね」と言ってくれることが同じならそれは仕事になる。私は自分の子どもたちに、そんなふうに伝えています。

やってみよう

自分の「好き」を分解して掘り下げてみよう

(例) ケーキが好き

↓

食べるのが好き、ケーキのデザインを見るのが好き、など

12

すべてのものごとには「根っこ」＝本質がある

物事は、根っこを見ると全体像が見えてくる

本質、少し難しい言葉なので「根っこ」と本書では各所で言い換えています。でも、これがわかるとわからないでは仕事のできどころか、みなさんのＱＯＬ（生活の質）さえも格段に変わってきます。

「本質」を辞書で引くと、「ものごとの根本的な性質・要素」とあります。

でも、これではよくわかりません。私も「本質ってなんだろう？」と長らく思い続けて仕事をしてきました。私の場合はその理由が明確にありました。何十年もくり返

し使われ続けているコピーがあると知ったからです。

それは、サントリーピュアモルトウイスキー山崎の「なにも足さない。なにも引かない。」です。コピーライター西村佳也さんのコピーで、ご存じの方も多いと思います。

次々と商品のコピーは変わっていく。それなのに、このコピーだけが変わらないのはなぜなのか。疑問に思って周りの先輩たちに聞くと、「本質的だから」という答えが返ってきました。

「コピーを書くには、本質をわかっている必要がある」というのは、なかなかショッキングでした。「学校で教わっていないぞ」と本気で思い、とても困惑しました。

とはいえ、慌てたところで目の前の仕事には締め切りがあり、わかっていなくても仕事は前に進みます。

ただ「ひとことの持つ強さ、かっこよさ」のような深い魅力がその言葉にはあり、私の言葉にはない。このちがいはなんだろうと長らく思い続けてきました。

本質を私の言葉でひとこと化すると、「根っこ」のように思います。

心根《こころね》の字のごとく、その人の根っこはその人の本質だと思います。変わらない部分のことです。物事の根っこ、問題の根っこ、平たく言い換えるとこんな感じです。

「身につけている時計やスーツ、所属先や肩書き」などは「見てわかる表層的なこと」です。これだけではその人がどんな人なのか、本質的な部分はわかりません。

本質は見えない。感じるもの

では人の本質的な部分はどうしたらわかるのか？

たとえば、クリエイティブディレクターで株式会社ドラフトの代表を務める宮田識《さとる》さんは、打ち合わせでよく怒ります。

企業側（お客様）にも怒鳴り散らすことがあるので周りをハラハラさせるのですが、本人の言いたいことをあえてひとこと化すると、いつも「わからず屋！」と怒っているようです。

宮田さんは商品を通して世の中をよくしたいとしか思っていないのに、企業側が自分たちの都合ばかり押しつけてくる。

それは生活者に支持されない、世の中をよくすることにもならない、つまり売れることにつながらないから「わからず屋！」と怒っている。

こんなふうに「その人が何を大切に思っているのか」がわかれば、その人の根っこを少しだけ覗けます。それは言葉の端々からも感じとれます。

私はよく、人の本質を見抜きますね、と言われます。

なぜ相手の本質がわかるのかというと、「そう感じるから」です。思うことは不確かですが、感じるのは暑い寒いと同じなので、あまり間違いはない。

会議中なら、課題の本質（話の根っこ）をわかっている人は発言内容にブレがありません。相手の本音を捉えるのも上手だと思います。とても話が早いなあとも思います。学歴とはまったく関係のないものです。

本質的なひとことが書けるようになるために、私がしていたことは**「アンテナを立てて暮らす」**ということです。これは不思議なもので、そんなものは一生わからないでいい、と思えばそのままです。わかりたいと思えば、自然と情報が入ってきます。何事もわりとそうです。「アンテナの立て方」については次節でご説明していきます。

やってみよう

「その人が何を大切に思っているのか」を感じてみよう

13

アンテナを立てて暮らそう

「なぜなんだろう」を掘り下げる

みなさんは毎日の生活の中で、今何が流行っているのか、世の中の人たちが何に関心を持っているのか、そういう情報に対してどのくらいアンテナを立てているでしょうか。

ただ知っている、だけではなくて「なぜなんだろう」と掘り下げて考えてみる。そういう時間を持つことは大切です。

この本を書いている2022年はさまざまな新しい考え方が生まれ議論が起こっています。その背景にあるのは未曾有のパンデミックです。

新しい考え方が生まれているのはコロナだから、も正解ですが、「ああ、みんな不安なんだなあ」も正解です。「いろいろな考え方が生まれるということは、これまでと同じではいけないということなのだな……」「新しい考え方が受け入れられる土壌が生まれているなあ……」などと、次々と視点を変えてどんどん思考を深めていく。私はこういう想像を普段からよくしています。

そういった時代背景と着物ブランドの志をかけ合わせて「Play KIMONO」という、ブランドのネーミングを提案したことがあります。

株式会社二十八《ふたや》がプロデュースする新しい着物ブランドは、日常でもフォーマルでも着用可能な合成繊維の着物を取り扱っています。

創業者の原巨樹《なおき》さんは、伝統技術や着物文化をアップデートして未来につないでいきたい、と考えていました。

原さんの志を受けて、今の時代と組み合わせて考えてみると、今の時代に着物を着ることは、「コスプレ的」だし、楽しむ＝プレイするように着物を着るというコンセプトはどうか、と思いつきました。

着物は目立つので、あえて「プレイ」と捉えて、着ることを遊んでいる人をターゲットとすれば、着たくなる理由もつくれます。そこで、コスチューム・プレイの「プレイ」と「着物」をかけ合わせて「Play KIMONO」を提案しました。

お渡ししたのはたった数文字のネーミングですが、ほんとうは「考え方」が納品物です。そこにはアイデアがあり、ビジネスの匂いもする、志というモノサシにも即している。

ネーミングの決定後に「Play KIMONO」を同じ立場の制作者に見せてみたら、「とてもコンセプチュアルだね」とひとこと。まだ始まったばかりのブランドですが、新しい日本の衣服として受け入れられていく大きな可能性を秘めています。

アンテナを立てているからキャッチできる

アンテナを立てる。それは、意識を向けて生活することです。意識を向けていなければ気づけないようなことに、気づいていくことです。

本質をキャッチするために、あるときは**「この人の〝ほんとうに〟言いたいことはな**

んだろう？」「〝一番〟言いたいことはなんだろう？」と思って話を聴く。他にも、「この話の〝根っこ〟はなんだろう？」「なんでこんなことになっちゃったんだ。この〝問題の根っこ〟はなんだろう？」「この人が〝ほんとうに〟怒っている理由はなんだろう」などなど。

本質をキャッチする、というのは「なぜなにアンテナ」を掲げてその場に座っている、ということです。

アンテナを困りごとに向けるから、ほんとうの問題に迫ることができる。売りたいものが売れないのは、あなたの問題ではなく伝え方の問題かもしれない。世の中の問題かもしれない。商品に何かが足りないのかもしれない。仮説をどんどん立てるのもいいと思います。

昔の人はみな、本質的な部分をわかっていたように思います。本質がつかめなくなってきたのであれば、アンテナの感度＝感受性をおざなりにしてきたからではないか、とも思うのです。

「あの人が怒っているほんとうの理由は？」

アンテナを立てるメリットは、仕事のシーンだけではありません。生活にもとても役に立ちます。

あの人が腹を立てているほんとうの理由、子どもが泣いているほんとうの理由、そういったものを見極めてあげられるようになります。ほんとうのことをわかってくれる人、という見え方になり、信頼関係も生まれコミュニケーションはよりスムーズになります。

以前、打ち合わせをしていて、すでにいいアイデアが出ているし、みんなもそっちに進めたいようなのにやたら反対している方がいて、その反対理由の根っこは「メンツが保たれない」ということだった、ということもありました。笑えませんね……。

本質さえつかめば、それが美しいひとことにならなくても、それだけで生きていくことがすごくラクになります。

伝え方がわかり、最適解を選べるようになり、自分軸ができてきます。物事の根っこがわかって、さらに膝を打つようなひとこと化ができるようになると、それはもはやプロの職域です。

そこまでいかなくとも、納得できる言葉が見つかるぐらいで十分です。こころの中で「これかなあ」程度でもいい。

パッと本質をつかむ、それが得意な人もたしかにいます。でも私のようなスロースターターもいます。安心してアンテナを立て続けてほしいと思います。

「本質がわかるようになりたいなあ」というのは、まさに自分磨きのようでもあります。自分のレベルアップです。本書でくり返し伝えてきた「ゴールの設定」「未来でどうなりたいか、というポジティブなイメージ」。それに向けて、まずはハシゴを掛けていく＝行動すること。「自分はできるようになる」と決めてしまうのも手です。

伝え方を一生懸命考えるより、根っこをつかまえることをがんばったほうが、落ち着いて伝え方を考えられます。

やってみよう

他人の言動の背景を考えてみよう

(例) なぜあの人はあんなメールを送ってきたのだろう?

←

気にしてくれているのかな、声が聞きたいのかも、電話がほしいのかもしれない、など

14

「みんな目線、世の中目線」を取り入れよう

うまくいく商売は「三方よし」

すべての商売は、どうすればうまくいくのか。それは江戸時代にすでに言葉化されていました。「三方よし」です。三方よしは**「売り手よし、買い手よし、世間よし」**、これが商売の要諦であると江戸時代の近江商人たちの唱えた考え方です。

私はひとこと化を仕事にし、悩みながら売上づくり、ファンづくり、ブランドづくりをお手伝いしてきました。その中で、「世の中をどうよくするのか」のひとこと化が大事だと、あちこちでお伝えしてきました。

あるとき、三方よしという言葉を知って、「なあんだ！　もうとっくに江戸時代に言葉化されていたんだ！」と自分の無知さに笑ってしまいました。

そういう目線で企業の掲げているスローガンを改めて見てみると、「健康にアイデアを」「水と生きる」など、それぞれのひとことに世間よしを感じないでしょうか。あなたの知っている企業スローガンはどうでしょうか。

実際に、「三方よし」を実践している企業は多いのか。現状は残念ながら、売り手はまず自分のことが第一優先で、自分たちが儲けること、売上のことばかり考えている企業が多いように思います。その次に買い手のことを見て、世の中のことはほぼ見ていない。利益重視の考え方。これでは二者よし、でしかありません。

しかし、「売り手と買い手」の二者だけが「よし」では、もう立ちゆかなくなってきました。私は個人的にパンデミックを境に強く感じたのですが、みなさんはどうでしょうか。

ステイホームという時間はさまざまなことを強制ストップさせ、今を振り返る時間でもありました。

家にいなくてはいけない、移動を最小限に、というのは自分を守るため。でもそれだけではなくて、基礎疾患のある方、お年寄りや子どもなどの弱者（＝他者）を守るためでもあった。「自分だけ（Ｉ）」から「みんなで（Ｗｅ）」という発想を持てた。

そして、「私たちに」何をしてくれるのか、という視点で国や自治体、企業を見つめるようになったのは、コロナ禍の大きな変化でした。「私たちに」は、「私たちの暮らす世の中に」と言い換えられます。まさに「三方よし」そのものです。

日本では、もともと「世間よし」のために生まれた企業は多くあったはずです。戦後からバブル期に至るまで、なぜこれほど多くの日本企業がトップメーカーとして世界に君臨できたのか。その答えもここにあるように思います。

技術やサービスも実際に素晴らしかった。それと同時に、創業者の「世の中をよりよく変えていきたい」という純真や熱意が世の中を動かした部分も大きかったのではないでしょうか。技術やサービスは志にも結びついているものです。その志は言葉を超えて伝わっていくものでしょう。

事業が長く続いてきた、持続可能だったのは、世の中に歓迎されたから。それが時代とともに利益重視が進み、どんどん霞んで小さくなってしまった気がするのです。

「未来よし」まで考える

「企業や団体は、世の中をどうよくしていくのか」が再び問われる時代に入っていきそうです。行動の指針に「みんな目線、世の中目線」があると感じると、人は応援したくなるからです。

そして、**これからは、ビジネスも社会も「持続可能」であることは必須**です。今は「三方よし」に加えて「時間軸」も必要です。「未来よし」と言ってもいいと思います。未来をどうよくしていけるのか、という視点を取り入れていくことが今以上に大事になっていきます。

三方よしの考え方は、大企業だけの話ではありません。小さなお店であっても、大学のサークルであっても、三方よしはつくれます。私という個人でも取り入れることができます。

フリーランスで仕事をしている私の事務所の三方よしは、私のコピーが納得感をもって売れることが「売り手よし」、お客さまがひとこと化によってビジネスを加速させることが「買い手よし」。「世間よし」は、生活者の私をふくむみんなが「いいね」と応援したくなることです。さらに、「未来よし」まで考えると、ひとこと化の思考法を生活に取り入れ、書くことが好きになる人が増えることです。

みなさんにとっての三方よしはなんでしょうか？

たくさんの人の笑顔がイメージできる仕事は、いい〝ふんばり〟をつくります。

やってみよう

自分の「売り手よし」「買い手よし」「世間よし」「未来よし」を書いてみる

Column

イメージには「経験」が必須

コピーライターを目指す学生の方とお話しするときには、いろいろな経験をしておくといいよ、と伝えています。それは、イメージを牽引するのは「経験」だからです。

「それってこういうことですか」と質問するにも、知っているだけでは足りなくて、わかっていないと出てきません。

知るは、知識、アタマで知っていることです。
わかるは、経験、身をもって自分の血や肉になっていることです。

好きな人に花束を贈る。どうすればいいかは、知識です。どうやったかが、経験です。経験がたくさんあるというのは、ネットでクリックして花束をクール便で贈る、花屋に足を運んで、店員さんと相談して花束を選ぶ、などの経験を何度もしたことがあるということです。

花束ひとつ贈るにも、プロポーズかお祝いかお見舞いかお葬式かで、目的もちがいます。花の種類、花の色、元気さ、香り、重さ、そのときの自分の気持ち、すべて異なります。

考えをふくらませていくには、イメージが必要です。

イメージは経験からくるので、経験不足だと細かいところまでイメージできず、考えがふくらみにくいのです。イメージがしっかりつかめれば、自分ならどうか、という次の思考段階もスムーズにふくらませられます。

もしあなたがたいした経験をしていないなあと思うのであれば、「たいした経験をしていないという経験をしている」と、ポジティブに捉えればいい。

それを「つまらない」「もったいない」と考えるのなら、「死ぬまでにしたい100のこと」をまずはリスト化してみてはいかがでしょうか。

今をめいっぱい楽しんでこそ、経験は血や肉になるものです。

経験は、家の外にある。スマホの外にあることを忘れずに。こころが何を感じたか、があなただけの経験になります。

第3章

ひとこと化の表現法

15

「書けない！」思い込みを手放そう

思いつかないなら、まずエンピツを置く

ワークショップなどでよくお見受けするのは、エンピツを持ったまま固まってしまう人です。「さあ書こう！」と思って机に向かったはいいけれど、「……で？」「……ん？」という人。時間ばかりが過ぎて、何から書いていいのかわからなくて立ち止まってしまっています。

そういうときは、さっとエンピツを置きましょう。

書けないのではなく、あなたはまだ書きたくなっていないから。書けないのは思い込みでしかありません。**書きたい気持ちがまだあふれていないのに、エンピツを握っ**

てしまうと、「書けない」という根拠のない苦手意識を高めます。料理のときに切りたいものがわからないのに、包丁を握ってじっとしているのと同じです。

紙を前にして、書きたい気持ちがまだないなら書けないのは当たり前です。

私がコピーを書くときとても大切にしているのは、「書きたい」という気持ちです。「書きたい」と思うということは、書くことが見つかった状態ということです。それまでは何も書きません。

悩みに悩んで書いたものは、苦しそうな気持ちまで伝わりそうです。

コピーライターの仕事も、書いて書いて書いて……それを何十時間もくり返して、苦しみの果てに採用された奇跡の1行……だとしたらちょっとつらい。ポジティブなことはポジティブに書きたい、伝えたいという思いがあります。

書くことは文字入力で、ほんの数十秒です。

意外に思われるかもしれませんが、実際は書いている時間はほんのわずか。では何をしているかというと、前章でもお伝えしたようにひたすら「考えて」います。それは考えながら書くことを探し、「書きたくなるのを待っている」とも言えます。

伝えたいことをひとつに絞る

あれもこれも言いたい、でも書けない。その、もやもやの正体をつかまえるまでは書く段階に至っていません。無理に書こうとせずに、思考の整理をしましょう。ほんとうに言いたい、伝えたいことがなんなのか。それをひとつに決めます。短いひとことで伝えたいなら、ひとつしか伝わりません。ワンセンテンスワンメッセージのルールです。

たいていの人は情報を抱えがちなので、「いる、いらない」を整理してみましょう。「ひとつだけだと、言いたいことが言えるだろうか」と心配になるかもしれませんが、芯や軸を決めるために必要なプロセスです。ひとつしか言わないけど、「このことも言えそうだ」という発見もあるかもしれません。

たとえば、「明るい」というワードには、「性格が」「未来に」など2つ以上の意味を重ねられます。こんなふうにレトリックを使って伝えることもできる〝可能性のある単語〟です。日本語はこういった多義語がとても多いです。

決めたひとつは「強み」のはずですが、最初から強みを探そうとするのではなく、あくまで「ほんとうに言いたい、伝えたい」ことに重きをおきます。

もしもこれまで考えることをあまりしてきていないなら、こまめに考えることを習慣にしましょう。伝えたいこと、書くべきことが見えてきます。

メモを取るのもひとつの手ですが、私自身はメモをほぼ取りません。

お腹の中に落とすような「深く」「刺さる」言葉を見つけるなら、なおさらです。

駆け出しのころはメモを取っていた時期もありますが、私がメモを取るのをやめた理由は、**「忘れてしまうような言葉は残らない」**と思い至ったのもあります。

頭の中にふっと浮かんだ言葉をうまくすくい上げても、定着できる体力のある言葉かどうかはまた別なので、「なんてメモしたっけ?」と思い出すことに時間を費やすなら新しく考えたほうが早い。

うまく書こうとしない

言いたいことを、ひとつ掲げたら何が起きるか。何が言えるか。何を残せそうか。これは想像力の筋トレです。鍛えることができます。

考えながら歩き回ってもいいし、ご飯を食べてもいい。デートをしてもいいですが、話聞いてる？　と言われない程度にしないと面倒なことになるので注意が必要です。

やっているうちに、想像力を広げていく思考ルートができてきます。

ひとつを決めたら、「うまく書きたい」は早めに手放しましょう。

書きたい気持ちは、伝えたい気持ちにまっすぐであるべきで、うまく書かなくてはいけない理由もないでしょう。

取り繕わず、ひとことできちんと言えた、伝わったという喜びのほうが、他人にほめられることなんかよりも、はるかに素晴らしい体験です。

後輩のコピーライターに「坂本さんはどうやってコピーを通しているのですか？」と聞かれたことがあります。彼女にはコピーが通らないという悩みがあったためです。正直驚きました。私はコピーを通そうと思ったことがないからです。

自分以外の誰かが提案内容に「？」と思ったなら、別案を考える。自分がまだ十分な力を備えていない、ただそれだけの話です。

マルをもらえるものが出るまで書くしかない。実際そのようにやってきたし、再考の戻しはつらいものですが、それが仕事なので何も返せません。**書いた言葉に固執せず、どんどんよくなるチャンスと思って加筆修正していく。**すると自然と違和感なく前へ進んでいきます。

書きたくて、書いた言葉が、ちゃんと「言い得て」いて、相手に思いのまま伝わった！という体験をぜひ味わってみてください。

やってみよう

あなたが人に伝えたい「自分のいいところ」を、ひとつ決めてみる

16

こころ日記をつけよう

簡単にできる言葉化のトレーニング

「こころの中の想いを正しく、正確に言葉化できている」という人は少ない、むしろみんな悩んでいる。それは、うまく伝えたいのではなく、言葉の出し方がわからない、が近いかもしれません。

私の場合は、言葉の出し方がようやくわかったと思えたのは、コピーライターを始めてから5、6年経った、20代後半です。相手のこころをトレース（コピー）して書けるようになったのはもっともっと先です。

何不自由なく日本語を読み書きできるのに、自分のこととなると言葉を使うのが苦手だと感じている人が多いのはなぜなのか。それは、単純に「伝えたい」よりも「伝えるのが面倒くさい」「伝えなくてもわかるでしょ」が勝《まさ》っているからでは、と思います。

自分の気持ちや考えたことを正しく他者に伝えることは、私からすると「表現」ではありません。「言葉で可視化、見える化する」のは、表現ではなく、伝達だからです。伝えたいと思うから人は「伝達」するのであって、がんばって表現するほど伝えたいことなんて、たいていの人はないと思います。

私の仕事も自己表現ではありません。

表現したくてたまらない！　というのはアートの領域ではないでしょうか。書くこと、伝えることのハードルをムダに上げる必要はありません。

そこで、言葉化におすすめの簡単なトレーニングは「こころ日記をつける」ことです。**書くのは今日あったことではなく、あなたの感情**です。

その日、「ムカついた」「うれしかった」なら、「なぜ」を伝達するように書く。

誰にも見せないので、ほんとうのことだけ箇条書きで書けばいいです。
スカッとしたら、おしまいです。

そのうち、きちんと自分の気持ちを正しく伝達できるようになります。
そのとき、こころはいつも健やかです。コミュニケーションにまつわるいざこざは〝正しく伝わっていない〟からやってくることが大部分。こころ日記をつけることで、だんだん伝わらない回数が減ってくるはずです。

やってみよう

――今日、何を感じたか、こころ日記をつけてみる

Column

上を向いて考えよう

下を向き続けても何も思い浮かびません。

そんなときこそ上を向いて考えましょう。

私が就活時代に指南されて、今なお続けているやり方です。考えるって、まさに「ロダンの考える人」のようだと思いませんか？ 難しい顔に、困った印象。実は、それがまったくよくない。

読み手がハッピーになるひとことは、難しく考えると出てきません。考えるのは、とても楽しいことです。考えることの副産物の代表、「アイデア」がそうであるように、考えたその先には問題の解決につながる素敵なひとことがあるはず。下を向いて考えても、落ちているのは手垢のついた言葉ばかり。だったら上を見上げて考えたほうがいいにきまっている。

言葉もアイデアも浮かぶもの。

ワークショップなどでは、「机に答えは書いてありません。上を見て考えましょう」と、ときどき伝えています。もちろん天井にも答えはありませんが、上を向いているほうが考えることを楽しんでいるように見えます。私自身もそうであったように、書くことがだんだん楽しくなっていくでしょう。

17 いよいよ言葉を紡いでいこう

表現は「がんばって」するものではない

「表現」は、ときに「クリエイティブ」と評されることがあります。でもそれは「ごく一部の表現に対して」です。

そうではなく、表現はすべての人に「もう、ある」「備わっている」もの。表現は一生懸命「する」ものではないような気がします。

たとえば、笑う、もひとつの表現であるように、「あなたの」笑い方があるのと同じです。笑うことは自然にしていることだと思います。つくり笑いはさておき、つい笑ってしまうときは、「うまく」笑おうとはしていないですよね。

「笑う」と同じように、「書く」ことも自分らしくありたい。

周りから評価されたい、というのは人の常ですが、私はことさら表現についてはちょっと待って、と思います。

素直に書いた文章には「あなたがいる」。だから、まずは「正しく伝達すること」に注力するのがいいと思うのです。

言葉にできない、伝えられないというのは表現の問題ではなく、伝達ができていないだけ。そう思えば書くことがとてもラクになりませんか?

「他人にいい文章だと思ってほしい」は、「ほめ軸」が「相手に」あります。

相手が評価のモノサシを持っていて、そのジャッジを待っているような状況です。欲にはきりがないので、もっともっと「他者のいいね」を求めて相手ばかり見つめることになり、自分の軸なんてどんどん消えていくように思います。

そうではなく、「自分が一番言いたいこと」をつかみ、そのひとこと化を目指していきましょう。**うまいことを言ってやろうとするのではなく、自分の「ほんとうに伝えたいこと」をひとつ書けることを目指します。**

表現する段階になって、いきなり評価軸を他者に求めるのはもったいなさすぎる。あなた自身の言葉を紡いでいきましょう。

やってみよう

まずは正しくひとことで「伝達」してみよう

(例) おもしろかった映画の感想

・すごくいい映画だった

・主人公が困難に立ち向かうところがおもしろい

18

書くときの表現ルールを決める

「人によく思われたい」を手放す

伝えたいと思っているのは自分です。「これが好き」「これがいい」と決めるのは自分でいいはずです。

私はこれまであちこち頭をぶつけながら仕事を進めてきて、今はコピーを「よくしよう」とは思っても、書くことで「自分をよく見せたい」などとはみじんも思わなくなりました。むしろ、人によく思われたい気持ちを手放すことで、とてもラクになりました。呼吸をするように書くことまでできるようになりました。

ひとこと化をスムーズにするのは、以下の3つのルールです。

1 うまく書こうとしない
2 たくさん書かなくていい。A4ヨコにワンワード
3 出たのは気になる言葉、それを楽しむ

ひとつずつ見ていきましょう。

ルール **1**「うまく書こうとしない」は最重要です。前述のように評価軸の話です。うまく見せよう、書こう、とするほど、「どうやって?」と思うので、手は止まってしまうものです。そして、そのうまく見せよう、は必ず相手に見抜かれてしまいます。

「相手の評価を気にせず書いてみましたが、とても普通になってしまいました」。こんな声も聞こえてきそうです。

むしろ私は**「なぜ普通でいけないのですか?」**と、聞いてみたい。ほんとうに伝えたいこと、言いたいことの根っこを「正しく」言葉化できている、そのひとことが「もっとも言いたいこと」なのであれば、なんの問題もないのではないでしょうか。

「その普通さ」には、「真面目さ」「実直さ」「真摯な姿勢」も見つけられます。まずはしっかり伝達できることが大切です。

あとは、自分から出てきた言葉を、自分で納得して気に入ってあげるだけ。その言葉に続けて何か文章が続くとしても、最初のひとことが腑に落ちるものであれば、あとから続く言葉もクリアにまっすぐ伝わっていきます。

包み隠さず「それが自分」なのだから、堂々としていればいい。

無理して突拍子もない表現をしてみても、かえって自分らしさから遠のいてしまうものです。

パッと見て伝わる長さで

ルール 2 「たくさん書かなくていい。A4ヨコにワンワード」は、コピーライターはどうやって言葉をプレゼンするのか？　という話にかなり近いです。

とくに気に入った言葉をひとつかふたつ選んだら、ちょっとアナログではありますが、A4用紙に少し遠くからも見えるように、真ん中に大きめに書いてみてください。

言葉を頭の中だけではなく、目視でも「真ん中」にしてあげる。そうしたときにどう見えるか。何を感じるか。それを知るためです。

パッと見て読み切れるか、長すぎないか、削れるところはないか、もっといい言い換えはないか、言葉が入ってくるか……いろいろなことを客観視するためです。

しばらく机の前に張り出してもいい。目につくところがいいです。

パソコンで作業するなら、文字サイズを36ポイントほどに大きくしてA4出力してみてください。こうでなくては、はとくにありませんが、パッとわかる文字量は10文字ちょっとくらい。少なくとも、ひといきで読み終えるひとことを目指しましょう。1行でパッと理解できる長さが理想です。歩きながら見ても意味のわかる長さです。

最終案に至るまでは、「たくさん書く」「書かない」どちらでもいいと思います。時間があるなら書いてもいいし、頭の中ではすでにいくつも書いているはずです。

自分のフィルターを通した言葉に出会おう

ルール 3 「出たのは気になる言葉、それを楽しむ」の大事なことは2つです。

ひとつは、**「自分から」出た言葉であるべきだ**ということです。

ひとこと化は、何かを要約して短い文章にすることではありません。

一番言いたいことを見つけたら、「自分のフィルターを通す」。自分のフィルターとは、**「自分自身で見つけた『本質』を、自分のカラダで濾過する」**こと。自分の言葉で書く、ということです。

独立して間もないころ、小さな文章を書く仕事がありました。

どちらかというと情報整理の部類だと思い込んだ私は、言葉を文字通り整理整頓して、指定の文字数以内に収まるように書きました。でも、なかなかOKが出なかったのです。

焦った私は改訂案とともに、まったく別の新案も添えました。この新案は、私という人を介した言葉でした。

もっとわかりやすく言うなら、「私はどう思ったか」「解釈すると……」という、〝私自身が〟ちゃんと咀嚼《そしゃく》した内容を、自分の言葉で文章化したものでした。


すると、その新案のほうがわかりやすくていい、ということで新案で進めることになりました。この経験によって、「言葉を商売道具にするというのは、こういうことか！」と私自身がストンと腹落ちしました。

借りてきた言葉ではなく、自分の言葉で話す。自分から出てきた言葉だから説得力が増す。いろいろ思いを巡らせて、やっぱりこれを伝えたいと思って出した言葉です。自分の言葉には、自分自身が宿っていると思います。


2つめに大事なことは、**出てきた言葉を存分に「ほほう、なるほど」と楽しむ**こと。

もっとちがう言い方はないかなと、おもしろがってみましょう。

プロは、「どう」伝えるかを的確にハンドリングしています。

「どう」の部分はたとえば……

・おもしろく
・楽しく
・親しみやすく
・わかりやすく
・かっこよく／かわいく
・じーんとくるように

など、他にも多数あります。

ここは商品のイメージに合わせて書き分けることができます。

トーン＆マナー、いわゆる語調というものです。

スポーツカーやウイスキーなどの広告には、かっこいい表現が必要だし、赤ちゃん向けの商品ならかわいらしく親しみやすい表現がほしい。


言いたいことが定まったら、「どう」の部分のイメージを掲げて、言葉を選んでいきます。

「行くぜ、東北。」の冬のコミュニケーションでは、「日本人なら、温泉、ジャパーン」というコピーを書いています。シャレです。

いいかどうかはひとまず置いておいて、おもしろく親しみを持って、冬の東北の温泉旅を伝えるために書いています。

シャレはみなさんもご存じの通り、よく使われる表現手法です。シャレは記憶に残りやすいから、という理由で使われることが多いのです。

ここに表現を設計していく楽しさがあります。語尾を変えたり、句読点を移動してみたり、前後のワードを置換してみたり。そうしているうちに、このワードは変えたくないな、などだんだんしっくりと気に入る文章になっていきます。しっかり時間をかければこそ、自分自身が気に入るほど、あなたらしい表現になり、あなたらしいひとことになります。

やってみよう

以下の例を参考に、あなたの一番伝えたいことを楽しく伝えよう

(例)自分ひとりで考えるより、チームでいいものを目指したい

伝達:チームワークを大切にしています

↓

自分フィルターを通す:みんなとこころを重ねるのが好き

↓

楽しく伝えてみる:みんなでワッショイしたい派です

19

常識を壊すキーワードは「想像力」

まねをすることから、表現は始まる

師匠が売れっ子で忙しかった時代を間近で見てきました。「あんなふうになりたいな」「なぜ私は……」「どうやったら……」と長らく思ってがんばってきましたが、そう思う一方で、「似たものを書いて、本人に敵うはずがない」「師匠と同じ人は、ふたりいらないな」とも思っていました。

師匠と私はキャラクターもかなりちがうし、そもそも人は誰ひとりとして何もかも〝まったく同じ人〟はいません。誰もが唯一の存在です。

ただ、まねはできます。まねするには、たくさんの材料が必要です。いい表現を求めるなら、上質な表現をたくさん「インプット」することです。インプットしなければ、アウトプットはありません。

インプットするから、「自分フィルター」を通過させることができて、アウトプットにつながるのです。**短いひとことを目指すなら、「いいひとこと」を大量にインプットしましょう。**

70～90年代の広告表現には、短くて上質なひとことが数多くあります。デザインで補完されて成り立っているようなひとことだけではなく、言葉だけで成立しているような表現です。また、小説や俳句の中にもヒントはあります。

文章だけで情景がありありと浮かぶようなもの。何かを感じる文章にアンテナを立てて生活し、何度も頭の中で味わうように咀嚼することで、表現は磨かれていきます。

まねながら書くと、そのうちにだんだんと自分らしさをまとっていくようになる。でも、私たちが一番見つめるべきは他者、読み手です。それが表現です。

数々の苦い経験と遠回りをしてきた私から、表現について悩む方には、**表現に必要なのは「想像力」**と伝えています。

想像力とは、文字通り想像する力です。イメージすることです。その想像力をどこまで羽ばたかせられるかは、個人によって異なります。

想像力が工夫を支える

子どものころにみなさんにも経験がきっとあると思います。

「これをこうしたら、どうなるかな？　うまくいくかな？」

そんな想像力が連れてくる、わくわくするような小さな試みは、遊びの延長上にたくさんあったはずです。

このわくわくを書くことに移植する。そうすると、言葉への工夫が始まります。想像は、あくまでも頭の中で思うこと。それを工夫して言葉にしていく。

言葉なら頭の中ですぐできるし、目に見えてすぐわかるおもしろさがあります。

たとえば料理をするとき、ジャガイモがあるなら、どんな調理法でおいしく食べようかと想像しますよね。ポテトサラダなら、オイモをどこまで崩すか、などはおいしさのための「工夫」になります。裏ごししても、さいの目切りでも、ゴールはポテサラができればOKなのと同じです。それを言葉でする。


たとえば、春の山のことを伝えたいとき。

春の山って、あちこちで雪が溶けて木の芽が芽吹いて小さな花が咲いて。山は春になったら、植物たちにくすぐられてるみたいだなあ（想像力）。

山がうふふ。山が笑う（工夫）。

実際に山は笑わないけど、春だもん、笑っているみたい。だから「山笑う」。

これはれっきとした俳句の春の季語です。


書くことは、**「どう考えるか」「どう書くか」**の2つです。

「どう考えるか」は、誰でもすぐに取り入れられます。これは第2章までの話です。この章で取り上げている「どう書くか」は表現で、人それぞれの個の力が担う部分が多い。磨きをかけるのは想像力です。

想像力を日ごろから楽しんでいる人は、書くのもすぐに上手になります。想像力をつけるのは日常生活で、いつでもどこでもできます。

「擬人化」はとてもシンプルな想像力トレーニングです。日本人は自然崇拝の民族です。噴火も地震も嵐も、山や大地や海が「自分たちみたいに怒っている！」ので、畏怖して崇め信仰した。日本人には擬人化思考は自然なことです。

もっとよくしたい、もっとおもしろくできないかなぁ、という好奇心があればいくらでも工夫できます。想像力を鍛えれば、悩む前に常識という垣根を軽々と越えていく。なんだか書いていて楽しいということも起こります。

やってみよう

身近なものを擬人化して想像力を鍛えよう

(例)・ノートくんは、○○○
・消しゴムちゃんは、○○○

20

「いい、言い換え」をしよう

ポジティブに言い換える

私のやっている仕事は、「言い換え」とも言えます。

もっと言えば、「いい、言い換えをすること」です。それをひたすら短い言葉でやっているだけです。

何かひとつ、ひとこと化できたら、もっとそれより「いい言い換えはないかな？」と探していく。そのくり返しの中に「あ、できた！」「これかも！」というパズルのピースがパチンとはまるような瞬間があります。その手ごたえがあるまで、どんどん言葉をアップデートします。

先にお伝えしたとおり、何事もインプットしなければアウトプットはありません。ひとこと化したいことにツカミやキャッチーさ、新しさを目指すなら「新しく伝わる」という目で物事を眺めてみる。自分にそのモノサシをつくることです。

その言い方（伝え方）はまだやっていないな、という新しさです。

2つ例を見てみましょう。

［例1］自分らしさを伝えるひとことを考える場合

原文：

いい人と言われるのが取り柄。

↓

改訂案：

道を聞かれたら案内する人のよさ。

［例１］に挙げた２つの文章で伝えたいことはどちらもほぼ同じです。「表現」が異なるだけです。

自分の一番伝えたいことを「人柄のよさ」とした場合、「いい人と言われるのが取り柄」だと、ただの説明文です。

どうすれば「自分らしい、いい人」をもっとわかりやすく伝えられるか。

いい人には、いろいろなタイプのいい人がいそうなので、自分にしかない「いい人部分」を伝えるエピソードは何かないかなあと探します。

そういえば、私はよく道を聞かれるな。道案内は、いい人を伝える好材料になりそうだ、と確信し、「私は道を聞かれたら案内します」という文章が浮かぶ。

でも、これだとさらっと流されてしまいそうです。「いい人」という入れたいワードも抜けている。もっとよく伝えられる工夫はないか？　「いい人」を伝えたいのだから、「いい人」の言い換え「人のよさ」を文末に持っていこう！　と思いつく。映像が浮かぶし、わかりやすくなっている！　と、改訂案に至ります。

どちらもひとこと化できていますが、より具体的にイメージしやすい、人柄が伝わりやすく、新しさを感じるのは改訂案のほうではないでしょうか。

「新しい印象」を伝える

［例2］手づくりした人形の商品をひとこと化する場合

原文：

おばあちゃんのつくった人形

↓

改訂案：

おばあちゃんの生んだベビー

［例2］の一番伝えたいことが「手づくりのあたたかさ」だとすると、「おばあちゃんのつくった人形」より「おばあちゃんの生んだベビー」としたほうがあきらかにキャッチーで、新しい印象が伝わっています。

おばあちゃんのつくった人形、だととても普通。目立たない。

それなら驚きをもって伝えたい！　おばあちゃんは裁縫上手がつきものだけど、人形だから生んだという言い方はおもしろそう！　おばあちゃんなのに出産！　生むのは赤ちゃん＝ベビー。「おばあちゃんの生んだベビー」という言い方は、言われたらドキッとする（驚く）だろうなあ。嘘のない、ほんとうのことだし！

これが私の思考回路です。この言葉は、「ソックモンキー」という、靴下からつくられた猿の人形の広告で実際に使われました。


「言い換え」と言うと簡単に思われるかもしれませんが、対象がよりポジティブに伝わるような「いい言い換え」です。ゴールは**「それにより新しい印象で伝わったか」「効いているか」**です。

これは考え始めるときりがありませんが、誰も見たことのない表現はまだまだあります。それが表現の楽しいところです。


世の中を見渡せば、日常的に使われているネガティブなワードはたくさんあります。

たとえば、暴走族じゃなくて珍走団と言っていた人がいたな。これなら社会問題もなくなりそうだなあ、など。孤独死ってほんとうに孤独なの？　死ぬ瞬間ってひとりぼっちだよねえ、誰だって、など。

老眼は聞こえが悪いなあ、40代はそんなに老いてないぞ、他に言い方はないかなあ、などと、「いいひとこと」に変えられないか考えてみる。

ちゃんと新しく伝わるかどうか検証しながら考えてみる、というのは表現を鍛えるいい脳のトレーニングにもなりそうです。

やってみよう

いい言い換えにチャレンジしてみよう

・暴走族↓
・孤独死↓
・老眼　↓

21

想像力に強いドライブをかける「思いやる力」

思いやることでいい表現に近づく

表現力を磨くにはどうすればいいいか。

私が一番おすすめしたいのは「思いやる力」を磨くことです。なんだそんなこと？と思うかもしれませんが、意外と苦手な方が多いです。

なぜ、思いやる力が表現を磨くのか。想像力を支えるのは思いやること、思いをはせるのは想像とほぼ同義だからです。仕事のできる人、すぐれたビジネスの根っこには、日本人特有の思いやる文化がかかわっているように思います。

小さいころ、人形やおもちゃを粗末に扱うと、**「お人形さん痛いね」「おもちゃが泣**

いてるよ」、そんなふうに大人たちに声がけをされたり、自分も子どもに声がけしたりという経験がみなさんにもあると思います。日本人は桜の樹にも思いをはせて、人生の諸行無常を重ねます。

海外の方からすると、とてもヘンで不思議な光景なんだそうです。

おもちゃは「もの」、人形も「もの」だから痛くない、泣かない。桜はただの花。そんなふうに言うのはおかしい。外国籍の方に真顔で言われたことがあります。

バイク好きの中年男性が、「俺のカワイイ○○が～」と愛車を表現するのと同じことです。知り合いがお仲間同士で「乗ってあげてなかったから機嫌損ねちゃってさ」「磨いたら喜んでエンジンの調子が～」などと、真剣に話しているのを聞いたことがあります。男性が愛車を恋人のように擬人化し、うれしそうに話す光景は、日本ではごく普通のことです。

思いやる、というのは通常、「人」に対しての行為です。

それが「もの」に対しても、自然に思いやることができる文化が根づいている。そのことが表現の可能性を大きく広げています。ものも、うれしいし悲しむ。そのように感じることだけでも、物事を常識だけで捉えていない証拠です。

ものを主語にすれば、表現の幅は無限になります。視点は主語の数だけ広がる。それは先ほどの山の擬人化と同じです。

思いやる力とは、「もしも私が○○だったら、△△してもらったらうれしいだろうな」の「△△以降の文章」を想像し、考えていくことです。想像でつまずいたなら、思いやることでまたふくらんでいきます。

言葉で表現する対象は、私の場合、主にものやサービスなどの「はじめから人ではない存在」です。飲料であれなんであれ、もしも私がその商品だったら……という視点は必ず考えていきます。

そのくらい必死、と言えばそれまでなのですが、「カラダにピース。」も「WAON」の「うれしい声がする。」も、「もしも私がカルピスだったら……」「もしも私が犬のワオン君だったら……」と考えていきました。**声なきものに思いをはせる**、ちゃんと伝えてあげたいと自然に思うのは、きっと幼少期からの日本人独自のインプットです。

「ひとりでも多くの人に喜んでもらう」。その使命を商品が果たせるように、言葉でその存在を照らすには、思いやる力が必要になるのです。

商品や企業活動だけにかぎらず、想像力を羽ばたかせるような思いやる力はクリエイティブの根っこ・源泉だと、私は思います。

表現は自分に「ある」。そのうえでその質の高さを目指すなら、向き合うのは他でもない自分自身です。一方、思いやるというのは、自分ではない他者やもの・ことに対してすることです。書くときこそ対象を思いやりすぎて、没頭してしまうくらいのほうがいいです。

「純真モード」で書こう

ごくまれではありますが、**「普遍的な表現」**が生まれることもあります。普遍的とは、すべてのものに当てはまる、ということです。だから長く愛される、だからいつ見てもいいと思える。評価するのは常に他者ですが、ときどき言葉はそうやって残っていくことになります。

自分の頭の中から生まれた言葉なのに、すべての人がそうだと思えるのはほんとうに不思議な話です。ともすればたった数文字の、数えるほどの言葉の組み合わせが、時に人を感動させることがある。

打ち合わせの場で、私の書いた言葉に涙された方もいらっしゃいました。


私がどうやってそれを書いたのか、をお伝えするなら、「夢中だった」としか言いようがありません。夢中になるということは何もかも忘れるということです。だから「覚えていない」。

けれどももっと掘り下げて考えてみると、純真で書いていただけです。

自分をなくすようにして、相手のためだけに自我を抹消して書く。

決して簡単なことではないですが、それができれば誰もがいいと思えるようなひとことが書けるようになるはずです。

「ピュア」であることは、大人になれば難しくなります。さまざまな知恵の鎧で、自分自身を守ろうとするからです。けれども、ピュアである自分はいなくなるわけではないので、〝純真モードで書く〟こともできる。**カラダでわかって、カラダで書く**が理想形です。

そうじゃないモードで書くというのは、「アタマで書く」ようなもの。とても左脳的です。

今こうしてこの原稿を書いているときは、読者に書けるようになってほしいという純真モードと、どうやってそれをするか、やり方を説明をする左脳的モードをいったりきたりしています。短いひとことを書く場合は、夢中＝純真モードで全集中！のような状態です。プロスポーツ選手などを見ていると、よく似ているなと思います。

やってみよう

――何も考えずに純真モードで書いてみる

22

言葉を磨く 5つの検証ステップ

書いたら、どんどん見せる。意見をもらう

言葉が見つかったときに私が大事にしていることがあります。それは、書いた言葉に固執しないことです。

たったひとりで考えても、みんなで絞り出して考えていったひとことだったとしてもです。

この言葉を見つけるまでに、すごく時間をかけた。悩んで、考えて、慣れない取り組みをがんばった。そこで、出てきたひとことだから、思い入れが強くなって当然です。だからこそ、こだわらないことを私はとても大切にしています。それは、もっと

よいものにできるかもしれないからです。

「考える余白」を残しておく。そうすると、自分以外の第三者に決定権があるとしても、その人がこの中から決めなくてはいけないわけではないし、私自身も変える余地があるとわかってこころに余裕ができます。思いつきでどんどん感想を言ってもらう。こちらもどうやって考えていったか、思考回路をトレースするようにちゃんと理由も伝えていきます。

やりとりの中から新しい表現の可能性を感じたら、その場でどんどん書き換えていくこともあります。打ち合わせはそれがいいかどうかを検証するために集まっているのであり、「やっぱりこっちがいいね〜」ということも大事になります。

言葉ができあがった段階でチェックしておきたいのは、以下の5つです。

1 問題を解決しそうか

2 一番言いたいことを伝えているか

3 言葉に強さがあるか

4 言い得ているか。「そのもの」らしいか
5 相手も自分も納得感はあるか

1 の「問題を解決しそうか」は、そのひとことが目的を果たせそうか、効果的に機能するかどうかで、これは最重要です。意味のないものを掲げてもしかたがありません。それを知るためには、たくさんの人に見せてみるのがもっとも早いです。家族、同僚や仲間に「どう思う?」と見せて反応をもらう、意見を聞き入れて確認する作業です。

一番言いたいことになっているか

2 の「一番言いたいことを伝えているか」は主従関係の「主」になるような言葉になっているかを見ていきます。

ポスター上にある言葉はどれも同じに見えますが、実は主従関係がちゃんとあって、目的もはっきりしています。主になる言葉は、「行くぜ、東北。」などのもっとも言い

などです。

従になる言葉は、これまでに例に挙げた「日本人なら、温泉、ジャパーン」などです。

従になる言葉は、主を伝えるための惹き句、ツカミ、どんどん変えていっていい言葉です。あの手この手が必要です。テレビＣＭも同じ構造で、いいＣＭは１枚画でわかる、という考え方もあります。

商店街の八百屋さんが「野菜は世界を救う」という志を掲げていたとしたら、「安いよ〜」とか「ちょっとそこの奥さん！」のツカミが従で、主は「野菜は世界を救う」となります。

こんなふうに、宣伝のための言葉にはそれぞれの役割があり、主従もちゃんと決まっています。

主になるひとことはずっと使えます。その耐用年数は、「言葉が効かなくなるまで」「なんか古いなあと誰かが思うまで」。一度考えておけば長く使えるのでオトクです。

「行くぜ、東北。」は約10年、「カラダにピース。」は15年以上。商品名などのネーミングの場合は、その実体がなくならなければ、未来永劫使えるひとことです。主になるひとことができたら、ツカミはどんな言葉でも大丈夫です。

3 の「言葉に強さがあるか」は、この先残っていけるかどうかです。すでに考え抜いているはずなので、頭の中ではしっかり残ったひとことです。それがほんとうに大丈夫かどうか、時間をかけてくり返し眺めていきます。ステップ **1** と同様に、人に見せてみることでよりクリアになります。

4 の「言い得ているか。『そのもの』らしいか」は、できあがったときに感じるものです。スパッとひとことで言い得たときの爽快さ、おもしろさは、コピーライティングの楽しさにつながる話です。他のステップ同様に、どんどん他人に見せていきましょう。

そのとき、「言い得ているかもしれないけど、だから何？」という意見もあるかもしれません。見せた人に「あなたらしい」「ウチの会社っぽい」などの感想をもらえたら、二重丸ではないでしょうか。

人は行動を起こすとき、必ず納得している

5の「相手も自分も納得感はあるか」について。

納得度は大事です。誰だって納得して前に進みたい。しかも自分の仕事や人生の節目などの大事なひとことだとしたらなおさらです。

ところで、「納得感」とはいったいなんでしょう。

これはとても当たり前のことなのですが、納得しているから人はおサイフを出すし、渋々かもしれませんが納得して勉強も仕事もしています。

こうしてこの本を読んでくださっているのも、何かを得られそうという期待に納得されたからだと思います。

私は仕事をしていて、自分のつくった言葉を相手に採用してもらうためにがんばる、ということをそもそもしません。

採用されないのであれば、採用されるものを考えていけばいい、とさっさと切り替

えたほうが新たな言葉を探す時間が減らなくてすむからです。
もちろん、言いなりで書くわけではありません。質の高さにこだわりながら、クライアントと私自身が納得のいく言葉を書いているにすぎません。

いつも納得できる道筋を考えながらつくっています。打ち合わせで「どんなふうになりたいのか」を描いて共有できたら、それに向けてハシゴを掛けていきます。なりたい姿を実現するなら、この考え方が必要で、マーケットはこういう傾向にある、だからAやBの方向ならあるというふうに、わりと理詰めで考えています。言葉の提案の段階ではみんなが「選ぶためのモノサシ」を共有していて、選べる状態になっているので、「それなら」とスムーズに決まっていくのです。

企業(事業)規模が大きくなり、注目度が高くなるとかかわる人が多くなります。それだけに、かかわる人全員に「納得度が高い」「腹落ち感がある」と思ってもらえないと前に進みません。何万人も従業員のいる会社のスローガンを、その会社で働いたこともない私が書くことは当たり前のことではないのです。

人を動かしていくものは、納得感でしかない。納得したから買う、行動する、好きでい続ける。

納得感とは「無理がないこと」です。納得感のある言葉をつくりたいなら、自然に、自然に考えていくことです。

こうだったら、こうがいいよね。こうがいいなら、こうだよね、と順ぐりに考えていきます。

仕事でも人間関係でも前に進まないのであれば、思考のからまりがあるということ。そのからまりをほどいていくと、「そうかそうだったんだ」と気づくことがあります。

やってみよう

―つくったひとことが納得感のある言葉、好きな言葉になっているか確認しよう

23

発信すれば、言葉は勝手に羽ばたく

書いたものを見せるのは恥ずかしいこと？

「書くということは、パンツを脱ぐことだ」。これは、私の師匠が講習会などでよく話していたことですが、それくらい書くという、表現する行為は恥ずかしいということです。

私はときどき小学生にコピーライティングを教えにいきますが、机を回ると、必ず書いたものを必死に隠そうとする子どもが出てきます。

恥ずかしさを感じる、他人の目が気になるのは正しく成長していることではありますが、とてももったいないことです。

恥ずかしい理由は、書くのを見られるのは、どんなことを考えたのか、頭の中を見せるようだと思うからでしょう。


けれども、一度見せてしまえば、そんなことは杞憂だとわかるものです。

すごい文章を書けたと思ったけれど、他の人も似たようなものを書いていたとか。あとで眺めたら、さっぱり意味不明の文章だったとか。なあんだ、という話です。世紀の大発見なんてあるはずもないし、だったら、**どんどん見せてみるのが大事**です。


子どもたちの机を回ると、まだ文章になっていない「表現のかけら」を拾うことがあります。それは、ちょっと新しい言葉の組み合わせにすぎないのですが、キラッと光っているものです。普通は○○とくる流れ、なのに、そうではない言葉を使っている。そこに「自分らしさ」のかけらがあると私は思います。

書いている本人は当事者なのでよくわからないものです。だからこそどんどん見せてみることをおすすめします。あなたと近しい間柄の人がどんな言葉に反応するのか、注意深く見つけていく。「いいね」「どうしてそう思ったの?」と、コミュニケーションが始まったら、しめたものです。

私は書いたひとことに固執しません。むしろプレゼンはいろいろ言葉を並べて、反応を待つような時間です。きちんと世の中に羽ばたける言葉かどうか、書いたものが見る人に試されているような時間です。少し先の未来をそれぞれ想像している。その様子を見ているだけで、とても幸せです。

どんどんアップデートしよう

問題を根本から解決するような本質的な考え方はそう多くない。その考え方を言葉化、ひとこと化できたらどんどんお披露目していきましょう。

掲げるひとことは、現時点の最良だったとしても、見せたからといって二度と変えてはいけないわけではないはずです。そんなゆるい気持ちでお披露目したら、しばらくどんな様子かを見る。あとは状況に応じて変えていけばいいのです。

以前、ある会社の社名を改名したことがありました。その会社の方にあとから聞いたのですが、改名したばかりのころは、照れくささもあり、自分たちもぎこちなかったそうです。しかし、電話応対をしたときに、相手の第一声が改名のお祝いの言葉だったり、「この社名にはどういう意味が込められているのですか?」などと聞かれたりして、コミュニケーションのいいきっかけになったと言います。

ワークショップで自社スローガンを自分で考えた女性に久しぶりに会ったら、スローガンをちょっとアップデートしていた、なんてこともありました。

しばらく掲げてみて、こっちのほうが届くのではないかと思ったようです。

素晴らしい! どんどん言葉をアップデート、進化させていったらいいと思います。

根っこの部分、考え方を変えるのではなく、表現を進化させるようなイメージです。

ネーミングなどはそう簡単に変更するのは難しいかもしれませんが、自分で考えてそれなりに気に入ったのなら、思いきってどんどんお披露目すればいい。

最初は不安があるかもしれません。でも何度もくり返して声に出し、眺めているうちに、そのひとことが自然にそのものにフィットしていくようなことがほんとうにあるのです。

やってみよう

書いたらどんどん人に見せよう。自分がしっくりくるまで、言葉をアップデートしよう

24

時代の風を味方にするには？

「時代を映す言葉」を意識して生活しよう

ここから先は言葉のチョイスの話です。

みなさんは、ここ10年くらいでよく使われ出した言葉と、ほぼ使われなくなった言葉をどのくらい知っているでしょうか。

私は言葉をお渡しする側にいるので、職業柄そういった言葉に対する意識は比較的、高いほうだと思います。

たとえば「シェア」という言葉。ＳＮＳをきっかけにこの言葉が使われ始めたころは、広告でもよく見かける言葉でした。もう世の中的には言葉が定着している印象もありますが、昔からの言葉に比べたらまだまだ新しい印象です。こういった時代性をはらんだ言葉は、キャッチコピーには使われるものの、長く使われるネーミングやスローガンにプロがチョイスすることはあまりありません。時間が経てばもっと古いと感じるかもしれないし、そもそも使うメリットが少ないからです。

そんなふうに世の中の言葉を眺めていくと、自分の発する言葉はもちろんのこと、手元の文章も磨かれていきます。

ジェンダー、ウェブ3、Z世代、ガクチカなども最近使われ出した言葉です。

どこで、どんな言葉を選んでいくかは、あなたに選択権があります。

新しく伝える表現を磨きたいなら、新しいなあと思うひとことを採取しながら暮らす。その言葉の動向をチェックしていく。手元に出てきた表現をさらに磨こうとするなら、やっぱりこれが一番効果的かもしれません。

「この言葉は何かに使えないか？」

新しい言葉を採取したいなら、ファッションやカルチャー系の雑誌、ウェブメディアが一番向いています。ファッション誌なら、まだ意味がよくわからないような用語もたくさん出てくるし、トレンドに敏感に反応するジャンルだから、新しい単語を見つけるのにもちょうどいい。

動向をチェックするとは、その言葉がマーケットに受け入れられていくのかを、注視する感じです。新しすぎると、使ったところで伝わりません。中には何度もくり返し使われてマーケットの言葉になったものもあります。「抜け感」という言葉はまさにそうです。

私がネーミングを考えたニュース番組の『イット！』は、もともと雑誌で見つけた表現です。

イットバッグ、などというふうに、「注目すべきバッグ！」という意味で使われていました。最初はちょっと意味がわかりにくかった言葉ですが、わりと頻繁に使われ出したなあと感じていたころに番組名を考える仕事が入ったのです。

話を聞いてみると「フレンドリーだけどちゃんと伝えたい、しっかりした役に立つニュース情報番組にしたい」という「志」があり、〝使えるニュース〟ということが根幹にあると感じました。

情報が使えるっていいなあ、ということに現場の共鳴があった。さらに、ニュースって、みんなが「見た見た？」「ねえねえ」になるような「ソレ」だよね、と考え、『イット！』という、そのままのネーミングが採用となりました。

このように、私は普段の生活で採取した新しい言葉を活用しているのですが、言葉のジャンル分けはあまりしていません。「○○なイメージ」という、自分でつくったざっくりとした概念の中に言葉をしまっています。

「抜け感」にせよ「イット」にせよ、自分の仕事で使えるかもしれない……という目線で言葉を探していく。頭の中の引き出しにどんどんしまっておく。自分のひとことと化したいことに、まったくちがうところから言葉を持ってきてみる。それも案外、ひとこと化の近道だったりします。

やってみよう

――新しく知った言葉をストックしておこう

25

ひとことを書くとき

「音」も重要な要素

コピーの提案日の直前は、いつも夏休みの最終日のようです。

数日前から書き始めて、どうかなあ？　どうかなあ？　と、提案の直前ぎりぎりまで考えていることも多いです。

「書かなきゃ！」と「書きたい！」が混ざったような気分で、パソコンに向かいますが、このへんを書こうかな？　という「あたり」はもうつけています。そして、どんどん書いていきます。

書くことは目視で確認していく作業です。短いひとことですが、いざ文字にしてみたら案外長いな、とか。この言い回しだともたつくな、とか。

他にいいのはないかな、などといろいろと見ていきます。句読点もここで調整します。10文字もいかないくらいの文字量なので、言葉の組み合わせで変わったりしますが、その組み合わせを無数に出してもしかたないので、パーツを用意する感覚です。パーツは多いほうが組み合わせの検討もしやすくなります。

AやA´、A″を持っていくなら、BやCがあったほうが選ぶ側も、選びやすい。提案する言葉の文字の並びは絶対でもないからです。

打ち合わせで新しい組み合わせが出てくることもあります。その場で書いてみます。「届き方」「伝わり方」の検証はプロとしてかかわります。

最終的には**「パッと見て、パッと入ってくる」**ことを目指すので、文字数には制限がないようで、実はあります。広告宣伝はCMが見られないこともあるので〝音〟も重要です。

カルピスの「カラダにピース。」も、まさに**音に着目し設計**しています。

カルピスというブランド名は日本人なら誰もが知っていますが、CMで流れたときに耳に残るほうがアドバンテージは高くなると考えました。

「カラダにピース。」では、カルピスという文字のつらなりを「カとルとピとス」に分解してひとこと化していますが、それは表面的な話。

カルピスの「人の健康を支える」という志を、どう捉え直すかがコピーライターの腕の見せどころです。

「健康」はピースな感じで、新しい印象もある。カラダにの「ラ」とカルピスの「ル」は同じラ行だなあ。そんなことを考えながら、「カラダにピース。」というひとことを見つけました。見つけたあとは、声に出して何度も唱え、テレビから流れることを想像し検証していきます。

もちろん「カラダにピース。」以外にも複数案を提案しています。

ただ、「カラダにピース。」という言葉には、圧倒的な音の強さがありました。

カルピスに近い「音」で構成されているから当然です。

数案が並んだとき問われるのは、「なぜそれをカルピスが掲げるのか?」です。

「カラダにピース。」は、社名が音として入っていたから社名の耳残りも期待できる。

高い納得感を得たということです。

パッとわかる短さ、わかりやすさがあることは大前提です。長い言葉は、音も活用できるメディア（CMやラジオ）で尺をとるし、よし見るぞ！とは思われない広告では結局残っていけないからです。

同じように、**くり返したくさんの人が唱えていくネーミングも、音が重要です。生理的に声にしたい音はあるし、口端にのぼる、口コミされることも想像します。**

ひとことを眺めながら、あらゆる想像力を駆使して、小さな逆算をくり返していきます。なぜいいと言えるのか、を補強する。すると、腑に落ちる言葉に仕上がっていきます。

やってみよう

―できあがったひとことを何度も声に出して読んでみよう

Column

時代に合わせて「照らし方」を変える

市場が成熟して、その商品やサービスが新しく見えなくなってきたとき。誰もが知っている有名企業になったとき。ひとことで言いたい、今ある言葉を変えたい、というようなとき。

私はクライアントに「やってきたことを変える必要はないですよ」とよく言います。そのビジネスが長く市場に受け入れられて今があるのなら、なおさらです。やっていることは社会的価値があるはず。研鑽《けんさん》を重ねることは大切ですが、大きく軌道修正する必要はない。ではどうすればいいのか。

変わったのは「時代」だから、照らし方を時代に合わせて変えればいいのでは？と伝えています。時代は価値観すら変えていきます。新型コロナの感染拡大はわかりやすく価値観を広げる機会になりました。

長く続いてきた事業なら、そもそも社会に求められているから存続してきたわけです。でも、人間の求めるものは、そう大きく変わらないはずです。

そういうわけで、「事業内容を変えずに、照らし方を変える、少しずらす」という考え方で「価値を新しく伝える」ということはいくらでもできるような気がします。


たとえば、ベネッセの『こどもちゃれんじ』は、発売以来「親たち」に向けたコミュニケーションを組み立てていました。「自分の子どもの成長に役立つ」という文脈です。

しかし、発売時から30年以上が経ち、共働きが増え、核家族が迷いながら子育てをするという社会環境の変化がありました。そこで、これまでの「子育てに役立つ」「子育て指南」だけではないアプローチが必要だと考え、「おやこが濃くなる。育っていく」という〝考え方〟を提案しました。

ベネッセは、今でも「おやこで」という考え方でコミュニケーションを続けているようです。やっていることを変えずに、事業を捉え直して価値を新しく伝える、とはこういうことです。


「変わる」ということに対して、日本人はとかく保守的になりがちです。

私の仕事は照らし方を変えるだけで、会社のあり方や事業内容を変えてほしい、とはひとことも言っていないのですが、言葉は「変更になる」。そのことを受け入れづらい方ももちろんいます。

変わることや変えることが嫌だとしても、時代の価値観が大きく変わっていっていることには目を向けたほうがいい。

日本人は「しなやかに受け入れる」ことがほんとうにとても得意です。

漢字から仮名をつくり、国字という和製漢字までつくってきました。

それは、価値を変えたのではなく、価値を加えてきたにすぎません。

これまでの価値を財産にして新しい価値を加える。時代に合わせてアップデートする。変わることを受け入れるからこそ、世の中に生き残っていくのではないでしょうか。

第4章

「伝わる言葉」に共通するもの

26

自分を知らなければ、伝わる言葉で話せない

ネットでつながるのと、こころがつながることは別もの

「伝えること」に、多くの人が悩んでいます。

「うまく話せない」「いい言葉が見つからない」「空気が読めず、不適切なことを言ってしまう」……。インターネットやＳＮＳは、「つながる」という喜びを連れてきたけれど、自分の思いがちゃんと伝わっているのかな、と悩むことも増えました。

私たちは、誰でもほんとうは「こころ」でつながっていたい。

文字としての言葉は、情報を人から人へ、過去や未来へも運ぶというすぐれた面が

あります。

でも、文字になるもっと前、言葉は情報伝達だけではなく、こころを通わせるための多くの役割を果たしていたはずです。

「通う」は「つながる」と同義です。「こころがつながる」のは、言葉があるからこそ成立するものです。「あなたと同じこと思ってた！」がうれしいのは、言葉で共感したからです。

インターネットやＳＮＳは「体感的な、目に見えるつながり」をわかりやすくつくりました。でも、こころはそれだけで簡単に「つながる」とはなりにくい。

そういう時代背景から、ほんとうは今だって人はこころのつながりを求めているはずなのに、いつの間にか「こころ」がスコンと抜け落ちてしまって、「つながり」ばかりが重視されている。そんな印象を受けます。

ネットの世界は今や言葉よりも映像優先で広がっているので、自然とそうなるのもよくわかります。

顔も見えない、双方の雰囲気もわからない。性別も年齢も国籍も好きなように生きられる世界です。

そういう意味では、「不特定多数にちゃんと伝わるようにする」という広告のミッションとTwitterやInstagram、TikTokなどのSNSはよく似ています。広告の場合は、発信者の身元（=広告主）が開示されているだけ、まだマシなのかもしれません。

何が言いたいかというと、**ネットの世界で「言葉を発信する」なら、なおさら自分という人間をちゃんとわかっていないとまずいのではないか**ということです。

小さいころに好きだったことは、「自分の強み」になりうる

まずは伝えたいことをわかっていないと、伝えようがありません。

「自分の何を伝えたらいいのかわからない」「自分というものがよくわからない、取り柄もない」となげく前に、**好きなこと、趣味嗜好でもいいので、自分らしさをひとことにしておく**といいでしょう。

小さいころは、今よりもずっとありのままの自分でいたはずです。そのとき好きだったこと、どんな子どもだったかはとてもいいヒントになります。

やってみよう

—— 子どものころに好きだったことを思い出してみよう

27

思ったことは、言葉にしてからやっと伝わる

脳みそはつながっていない。だから言葉がある

「言わない」という美学。そのかっこよさは、もう過去のものです。

私たちはなぜか「同じ日本人だから言わなくてもわかる」と思い込んでいて、今もそう思っている人がかなり多いように思います。

仕事や学校、家族、人とのかかわりで起こるいざこざを客観的に観察してみると、ほぼコミュニケーションに起因していて、「言葉にしていない」ことが原因のものもかなりある。

「普通、言わなくてもわかるでしょ」「だったらそう言ってよ」……。そういった不満に、みなさんもこころ当たりがあるのではないでしょうか。

空気を読む、暗黙の了解。ちゃんと言葉にする努力もせずに、ものごとに敏感であれと言うのは、ちょっとずるいなあと思います。

言葉にする努力、と言うとなんだか大変そうですが、伝えておこう！　伝えなくちゃ！　とまずは思うこと、その程度です。「言わずともわかってくれているはずだ」は、金輪際ないと思ったほうがいい。以心伝心なんて恋人同士どころか、子どもと母親だって難しいです。なぜなら、自分と他人の脳みそはつながっていないからです。

人と話していると、「もしかして、あなたと私の脳みそがつながってると思ってる？」と思うことがたくさんあります。

「他人と脳みそはつながっていない」。これを肝に銘じておくと、失望も怒りもイライラも小さくなり、すごくラクになります。言っていない、伝えていないものは伝わっていません。だからわかるはずがない。

前提がわかっていると、自然に「ちゃんと伝えなくては」が始まります。それは頭の中を言語化することなので、第3章でお伝えした、こころ日記のトレーニングが役に立ちます。それに、何かを伝えようとする人を目の前にすると、人は自然と「わかってあげたい」と思うものです。

人はひとりとして同じじゃない。細胞・遺伝子レベルでちがう。だから、みんな同じなんてものは、はじめからないのです。

人間と動物の決定的なちがいは「同じ」という概念の有無だ、と養老孟司先生が著書や講演でおっしゃっています。私はこの話を聞いて、「同じって、いいよね」がそもそもヒトなのだ、〝ひとりひとりちがうから、同じを見つけてうれしい〟ということなんだと感じました。

けれども、日本の長い歴史の中で「それぞれがちがう」という大前提が、抜け落ちてしまったように思います。

一方で、海外の子どもたちが学校の授業ではじめて習うのは、「他人と自分はちがう」

ということだそうです。肌や髪の色、言葉も人種も多様だと理解しているからこそ、「伝える」ことをがんばるし、相手を「尊重」することも覚える。ものすごいアドバンテージです。

ポジティブなログセはどこでも歓迎される

私の知り合いに「うれしいね！」が口グセの方がいます。まるで挨拶かのように言います。自分がうれしいかどうかなんて、別に言わなくてもいいことです。

相手だってわかりきったことかもしれない。けれど、彼はいちいち言葉に出しています。その様子から、ほんとうにそう思っているのが伝わってきます。言われたほうはみんな照れた顔でうれしそうです。

ポジティブなひとことは、どこでも歓迎されます。

難しく考える必要もありません。脳みそはつながっていないので、どんどん言いましょう。

「ありがとう」「うれしい」「助かるよ」「いいね！」「おいしいね」。ささいなひとことも、言葉にするから、相手に伝わります。

あなたは「いつもハッピーな、うれしそうな人」として周囲の目に映ることでしょう。

小さなひとことで、相手との関係性を育てていく。そうして生まれた笑顔はどんどん広がっていきます。

やってみよう

ポジティブな気持ちをひとことで伝えてみよう

Column

「わくわくモード」で考えよう

今思うと、私自身が言葉の削り方をがんばっていたときは、なんだかいつも机に向かっていたように思います。

難しく考えすぎてしまうときは、いったん当事者意識を手放す。

売り手ではなく、買い手の立場になってみる。リセットしてゼロベースで考える。

子育てしていて気づいたのですが、子どもはインプットされていないものはアウトプットできないようです。難しいことをインプットすると、難しく考えてしまう。それは大人も同じです。

難しい答えが求められているなら、それでマルです。

でも、わかりやすく伝えることが求められる社会ではマルになりません。

ましてや相手をわくわくさせたり、興味を持ってもらおうとしているなら、なおさら脳の〝難しく考えるモード〟をオフにすることが大切。

自分自身がまるで子どものように「わくわくモード」で考えないかぎり、望むようなひとことにはたどり着けないように思います。

プレゼンでも文書でも何か伝えたいことがあるなら、小学生に伝わるように考えてみる。

小学生は、つまらないことに対してとてもシビアです。すぐに私語が始まります。でもおもしろければ、目をキラキラさせて聞き入り始めます。

人の興味を集める、メディアを席巻するような方々は、自分自身がとてもわくわくして、おもしろがって子どものように話しているように見えます。難しい単語を使わないのは、多くの人に伝えたいと思うからでしょう。

肩の力が抜けていて、わかるように伝えてくれる。だからこちらまで話を聞いてわくわくする。彼らの人気の理由はそこにあると思います。

仕事にせよ、学ぶにせよ、私たちはいつも人が相手です。

どんなに科学が前へ進んでも、まだない世界がつくられようとも、人間はほとんど進化なんてしていないなあ、と思います。

多くを抱え込まなくても、難しく考えなくても、人の感情は何ひとつ増えていない。おもしろいとは……なんて難しく考えずに、おもしろければもう笑っているはず。難しく考え出す前の、子ども時代の感覚は、みんなもともと持っている。そんな気分で考えてみる。

プレゼンは「わくわくする企み」。ひとこと化もその延長でできます。

28

優秀な経営者ほど「自分の言葉」を持っている

問題の深掘りが、どれだけできているか

優秀な経営者ほど、自分の言葉を持っている。自分の言葉を持っている、ということは**「自分の言葉で言語化できるだけでなく、最適解にたどり着ける」**ということです。それは本書の目指すところでもあります。

花まる学習会の代表、高濱正伸さんもそのひとりで、起業時から「メシが食える大人に育てる」をスローガンに掲げ、親御さんたちから絶大な支持を得ています。たったひとことで学習会の考え方（指導方針）を伝え、入塾までつなげてしまう。こ

のひとことが、まるで優秀な営業マンのように機能しています。まさに理想的なスローガンです。

このスローガンを考えたのは創業者の高濱さんです。「メシが食える大人に育てる」をどうやって考えたのか、幸運なことに直接うかがう機会がありました。

私が知りたかったのは、「どうやって」ではありません。「私がやっていることと何が同じで何がちがうか」を確認したかったのです。得た解は、まさに我が意を得たり、でした。

「メシが食える大人に育てる」という言葉をどうやって考えていったのか。その答えは、「問題の深掘り」ということでした。高濱さんは教育者なので、さすがわかりやすい答えだと膝を打ちました。「問題の深掘り」とは、まさに「問題の根っこに迫る」ということ、問題の本質をつかむこととほぼ同義です。

もともと教育で子どもとかかわりたいと思っていたそうですが、開塾当時の時代背景として「引きこもり」などの社会問題があった。そして、引きこもりになるかどうかは成績にあまり関係なさそうだ、ということもわかった。一般的に学習塾を成功させようとしたら、「志望校合格」の実績を増やすことかもしれない。でもいくら実績を積んでも、「引きこもりのない世の中というゴールは達成できない」と思った、ということでした。

引きこもりのない世の中を目指すなら、ゴールは志望校合格を目指すことじゃない。だったら、メシが食える大人に育てたらいいのではないか。「メシが食える大人に育てる」というひとことは、とても自然に出てきて、深く悩むこともなかった、ということでした。

親御さんへのヒアリングを通して、言葉までたどり着くそのプロセスも、私のやっている「ひとこと化」のプロセスとほぼ同じ。

自然に言葉が出てきたというのは、思ったこと、感じたことを正しく言語化する力があることの証拠です。

引きこもりに悩む親御さんを個人の問題としてだけでなく、社会全体の問題として捉えた。そして高濱さんの目線で「だったら、メシが食える大人に育てればいい」という、ひとことになった。

花まる学習会は「メシが食える大人に育てる」というスローガンのもと、学習塾の経営をはじめ、多くのイベント、サマーキャンプや音楽コンサートなどにも力を入れています。また、コロナ禍で生徒の通塾が難しくなったときは、あっという間にウェブ上に教室を開講させていました。どんな状況でも先生たちが試行錯誤の中で最適解を見つけていく様子が、まさにメシが食える大人の手本を見ているようだとも思いました。

「理想的なスローガン」は事業を照らし続ける

起業時から「メシが食える大人に育てる」というスローガンを掲げて、もう30年ほどになるのだそうです。

そのひとことは、集客を叶え続ける優秀な営業マン。さらに仲間を増やして学習会の事業を照らし続けています。まさに理想的なスローガン。経営者は人を残してこそ一流と言いますが、高濱さんが育てているメシが食える大人は自社の社員でもあるようで、著書や講演等もされる先生社員も多数いらっしゃるようです。

ひとこと化は誰にでもできることです。

社会に対して問題意識を持つこと。その問題の根っこに迫ることを、ぜひみなさんにも考えていただきたいです。

地球上にはたくさんの課題が山積しています。「自分のやりたいこと」と、「自分ができそうなこと」がイコールになれば、その仕事は天職にだってなり得ます。

もちろん、2つはいきなりイコールにはなりません。問題を掘り下げることで、自分のできることがきっと見えてきます。

やってみよう

自分ができることで、世の中の人が笑顔になれることを考えてみよう

(例)・プラスチックゴミを減らすために、エコバッグを持ち歩く

・困っていそうな人がいたら声をかける

29

「なんのために」が大事

「自分さえよければ」では、ファンはつくれない

ライスワークか、ライフワークか。仕事でお金を稼ぐことを、こんなふうに言うことがあります。ライス＝お金のために働くのか。ライフ＝生きがいのために働くのか。

さて、あなたはどちらでしょうか。

「お金のためと割り切っているよ」という人もいるかもしれませんが、入社したばかりのころは、「こんな商品をつくってみたい」「人の役に立ってみたい」「喜ばれるものをつくりたい」とわくわくしながら社会人になった人も多いのではないかと思います。

それなのに、ひとたび組織で働き出すと、会社の利益のために多くの時間と労力を割くことになる。

それが各自の評価や報酬と直結しているので、当然のことなのかもしれません。

ただ、いろいろな人と仕事をしていて思うのは、働き出したころに持っていた気持ちなんてとっくに忘れて、大事な根っこが抜け落ちたまま、前へ前へと進んでしまっている人が多い気がするのです。

個人や企業の発信を見ていると、「自分たちばかりうまくいけばいい。儲かればいい」と考えていて「売り手よし」ばかりを見つめているように思います。

私はスローガンやものの名前をつくったり、広告づくりに携わったり、どんな仕事をするにせよ、せっかくコミュニケーションをするなら、ファンをつくっていきましょう、というスタンスで仕事をしています。

「自分たちばかりが」という考え方で、ファンづくりなど到底できるはずがありません。うまく取り繕ったところで、考えていることは必ず言葉や態度に出ます。消費者はとても冷静に、どこの企業と付き合うべきかを感じ取っているものです。

時代の流れは「自分だけ」ではなく「みんな」

日本がコロナのニュースに戦々恐々とし始めた2020年春先は、まさに各企業のスタンスを見たような時期でした。

当時私が通っていたスポーツジムは、マスクやアルコールが店頭で売り切れていたようなころ、かなり早い段階でアルコール消毒や検温の設備を整えていました。

その後、休館もありましたが、「やっぱりここと付き合っていて正解だ」と思えるような素晴らしい対応がいくつもありました。

そのジムの打ち出していたメッセージが「スポーツは楽しい」でした。

コロナ禍での真摯な対応や姿勢が、スポーツを安心して楽しむことにつながっているのだと感じました。

初期のコロナ報道で退会者も多かったようですが、もしもジム側が「自分たちさえよければいい」という視点しか持っていなかったら、やめさせないための施策ばかりに躍起になっていたことでしょう。

そうではなく、そのジムはスポーツを楽しむ〝場〟を提供することに責任を持って徹していたように思いました。もしも「スポーツは楽しい」というひとことを掲げていなかったら、私はそういった目線でそのジムのコロナ対策を見ることもなかったと思います。好感を持つ、ファンになる、というのはこういうことです。

企業であっても個人であっても、自分さえよければ、はもう古い考え方です。コロナ禍でステイホームをしたときに、私たちが得たのは「自分さえよければ……」ではなく、家にいることできっと誰かのためになっていると信じること」だったのではないでしょうか。

ポジティブに考えていけば、「主語が自分だけでなく、みんな」という発想を持てた。生活にその気づきを加えられたことだけでも、得たものは大きいと思います。

売り手だけではなく、対価を支払った買い手を幸せにすることはもちろんのこと、その周りの人まで笑顔にするような「世間よし」までどれだけ想像し、思いやっていけるか。これがうまくいくビジネスの本質だと、私は思います。

「未来よし」の話もすでにさせていただきましたが、さらに「地球環境への意識」「持続可能な社会」などの長い目で見た〝時間軸〟が加われば、ビジネスは盤石になっていく。少なくともファンをつくる、応援される企業や団体になれるはずです。

自分の掲げた、ほんとうに信用できるひとことはただそこにあるだけで、時におひさまのように自分自身を照らします。周りの大切な人、出会ったこともない人をも照らします。照らし続けてくれるひとことが見つかれば、そこに向かって懸命に進むだけです。

人も企業もいきいきとする。何かに迷うこともなくなります。

やってみよう

―― あなたが好きな企業や好きな商品の理由を考えてみよう

Column

もしも自分が1本の樹だとしたら

日本語というのは実によくできた言語です。言葉は、ことのは。言葉に、「葉」という字を使うのはどうしてだろう、と疑問に思ったことはないでしょうか？

葉は木についているものです。その語源は諸説ありますが、『日本国語大辞典　第二版』（小学館）に興味深い解釈がありました。

「(2)コトノハ（言葉）の義。ハ（葉）は言詞の繁く栄えることをいう〔和訓栞〕。(3)コト（事）から生じた語。葉は木によって特長があるように、話すことによって人が判別できるということから〔和句解〕。」

「話すことによって人が判別できる」というのは、おもしろいです。

この話は、「もしも人が1本の樹であるとしたら」を私に想像させます。

あなたという樹には、今たくさんの葉っぱが生えているでしょうか。その葉はどんな様子でしょうか。

樹は、葉を生やすことで成長します。葉をたくさんつけている様子は、「読む、書く、聞く、話すという言葉のやりとり」がしっかりできている印象です。

読者のみなさんが、「いいひとことをつくろう」と思っているのだとしたら、まさに「いい葉っぱをつけようとする」ようなものです。

自分を表すようなひとことなら、なおさらでしょう。

お気に入りのひとことができたなら、それはきっと〝自分の大事な何かを伝える葉っぱ〟です。

長く枝にとどまって、興味を持った人が集まってきて「へえ」とか「いいね」というコミュニケーションが生まれる。

「伝える」「伝わる」の循環で、あなたという樹の幹はどんどん成長し太くなる。そんなふうに考えることもできるのではないでしょうか。

さて。あなたという樹にとっての〝おひさま〟は、なんでしょう。

小さな子どものうちは、保護者がおひさまです。大きくなったらどんな太陽（仕事）に向かって、枝を伸ばして葉をつけるのか、人は選べるから最高です。

私にとってのおひさまは、誰かに喜んでもらえる「ひとこと」を書くことでした。

そのひとことを渡すことで、人やものやことがさらに輝くのがうれしくて、今も仕事をしています。晴れの日も曇りの日もありましたが、こうしてまあなんとかやってこられているのは、ほんとうにありがたく幸せなことです。


言葉は難しい。そう思ったら、人はとたんに難しく考え出します。言葉は閉じていきます。でも、そうではないと思います。

言葉はやさしい。いくらだってわかりやすくできる。だから、伝わる。言葉の仕事の本質は、そこにあると私は信じています。言葉をあきらめないでほしい。


冬は枯れ木のように見えていたごつごつとした老木が、春には驚くほどやわらかな小さな若葉をつけます。それは、人もまた同じ。

年齢を重ねても、老木のつける若葉のようにやわらかなものを私たちもまだ持っていて、言葉だからこそ表せることがある。これから先、どんな言葉に出会うかによって、自分自身が刻々と変わっていく。それを生涯を通じて楽しめたら、とても素敵なことではないでしょうか。

30

ひとことは、ブランドのはじまり

自分をブランドにしよう

「ブランドは手に入れるもの」だと思っていませんか？

私の実感としては、「ブランドはつくるもの」です。もっというなら、ブランドは時間をかけて「なっていくもの」です。

誰もが知っているあの一流ブランドも、最初は世界中の誰も知らない小さなお店だったはずです。そう考えていくと、あなた自身もブランドになれるということになります。

別に自分はブランドを目指していないよ、と思ったかもしれません。

でも、「ブランドは他にかわりがきかない」「唯一だからみんなに求められる」ということでもあります。世界に同じ人はいないのだから、いっそのことブランドを目指したほうが早い。

もちろん目指すのも目指さないのも個人の自由です。

自分で自分のことを一流だと言わないのと同じで、世界的に著名なブランドほど、自身を「ブランド」とは言わない傾向にあるようです。ブランドかどうかを決めるのは自分たちではない、世の中です。

ひとこと化では、まず自分のモノサシで考えようと先にお伝えしました。他人の評価はそのあとです。

自分というブランドもこれと同じです。自分が大切にしていることをひとことで見える化したら、あとは世の中に委ねる。

いいねと思ってもらえたら、ファンができる。やっていること、考え方、言動がますます素敵だと思われれば、ずっとファンでいたい！　応援したい！　という人が増えるはずです。

そういったファンたちに、他にかわりのきかない、なくてはならない存在だと思わせることができれば、自然とブランドになっていきます。

見つめるのは他者ではない。あくまでも自分に軸がある

あなたの行動や言動次第で自分をブランド化できる。だからこそ、自分は何が好きで何を軸に生きているのか、棚卸ししておきましょう。

ベストセラーになった『苦しかったときの話をしようか――ビジネスマンの父が我が子のために書きためた「働くことの本質」』（ダイヤモンド社）の著者で、マーケターとして活躍する森岡毅さんは著書の中で、明確に自分ブランディングを意識していた、と話しています。自分が何を取捨選択するか、それが周りからどう見えるか、ブランディングを基準に行動に変えていったそうです。

この話は、他者の目（評価）を気にしようという話ではありません。

取捨選択によって下される周りの評価を、冷静に想像して逆算しているだけです。いつも自分が軸です。やると決めたらあとは無我夢中だと思います。

自分のブランド化は**「あなたがいなくちゃ始まらない」「あなたがいてくれてよかった」**を目指すということです。読者のみなさんは「名前」という素敵な言葉を持っているし、はじめからかかわりのきかない唯一の存在です。あとは仕事でたくさんの「世間よし」を想像してとことん取り組む、それが近道だと思います。

やってみよう

あなたの好きなことを書き出してみよう

(例) 家族が笑って過ごすこと、お客さんが笑顔になること、など

Column

「ブランド」をひとことで言うと?

「ブランド」という言葉をさもわかったように使っているのに、「ブランドってなんだと思いますか?」と聞いてみると、十人十色の答えが返ってきます。これは、「ブランド」という日本語がまだない、新しい概念だからでしょう。

明治時代に標準語(日本語)をつくっていた夏目漱石たちがもし現代にいたら、「ブランド」をどんな言葉で表現しただろう、と想像することがあります。

「ブランド」のような、日本語の概念にはないカタカナ言葉をひとこと化してみるのは、とてもいいトレーニングになるはずです。

トレーニング方法は、いつも言葉を頭の片隅に置いておくこと、そしてときどき取り出して考えてみることです。

カラダでわかれば、自分の血や肉になるのと同じで、自分の言葉の基礎体力づくりになります。

あるとき、私は「ブランドとは血が通っていることだ」と〝わかる体験〟をしました。内容は端折りますが、創業者の思いを、働いている人が全員同じように共有していることだ！　とわかった瞬間があったのです。

私なりに「ブランド」をひとことにしてみましたが、今後もまた別の言い方を思いつくかもしれません。

ぜひみなさんも、「ブランド」をひとことにしてみてください。

31

人はいつだって、何かになりたい

言葉にできると自己肯定感が高くなる

ひとことにできれば、自己肯定感が増す。自尊心が高まる。

結果的にという話ですが、これはひとこと化によるうれしい副産物です。

企業も個人も「自分たちはこうなんだ」とひとことで定義づけることができると、ほんとうにすっきり、気分が上がるのです。

これまで、私はワークショップや講演会を続けてきましたが、「ひとこと化で自己肯定感が増す」「自分という存在に誇りが持てる（自尊心が高まる）」という気づきは確信に変わってきています。

私の仕事は、「同じじゃないって、いいよね」を見つけてほめる仕事だとお伝えしました。この考え方は企業や商品だけでなく、人にも当てはまる。

自分がいつもやっていることや好きなこと、自分らしいことに「なぜ?」をくり返しながら棚卸ししていくと、自分にしかないもの、「人とちがうもの」が必ず見えてくるからです。


和を以て貴しとなす、みな同じであることもまたしかり……という日本人が長らく思い込んできた考え方に、「ちがいがあるからこそ和を以て貴し」という考え方のアップデートをしているかのようです。時代の後押しもあって、これまでなかった価値観を加える時期がきたように思います。


「ちがう」は、ありのままです。誰かに合わせるといった不自由さもなく、ちがうということは、十分に胸を張って誰もが前向きでいられる理由になり得ます。

顔も考えも年齢も、生まれた場所も歩いてきた経験も何もかもちがう、血のつながりはあっても遺伝子がちがう。だから言葉という便利な道具を使って話をしたり、「同じだ！」と確認をしたり、相手を深く知ることがおもしろいのだと思います。

自分のちがいは隠さず、積極的に出していきましょう。あとは相手を思いやって尊重し合うだけです。

私も自分を伝えるひとことが、いくつかあります。

「口が2つあるのでおしゃべりです」は、坂本和加という名前を覚えてもらうための自己紹介のようなひとこと。

『カラダにピース。』を書きました」は仕事のおかげで持てたひとことです。

「天才と仙人のママです」は、母親としての自己紹介です。

この先も自分を伝えるひとことは増やしていけます。そのひとことが人とのご縁をつなげて、人生をより豊かにしていくようにも思います。

何者でもない自分が、「他でもない自分」になる

「あの職業に就いてあの人のようになりたい」と、今の自分に満足せず自分以外の何者かになりたくて、みんな一生懸命です。ごたぶんにもれず昔の私もそうでした。毎日それなりに本気を出して夢中でやってきて思ったのは、憧れはがんばるときのガソリンになる。けれど、どんなに憧れたとしてもその人になれるわけなどなく、結局ぐるっと回って、最後は他でもない自分になれたら最高なんじゃないかと思うようになりました。何者でもない自分が、他でもない自分になるようなことです。

時代は「ものからことへ」と移り変わっています。

楽しかったこと、うれしかったこと……、どんなことでそれがもたらされたのか。ものを持たない時代になり、ものが介在しなくなったことで、人の興味対象がこころで感じたことにあることがわかりやすくなりました。

こころは「感じる」もの。左脳的で質量もあって、まさに手に取って見て眺めるような満足があるのが〝ものの時代〟なら、〝ことの時代〟はその対照にあるようです。こころがいきいきとすることを、みんなが求めています。

言葉のつらなりが短くても「なんだかいいなあ」と感じる。そのひとことが発信する情報は、書いてある以上のことです。書いている本人がわからないことだってあります。

どんどん見せて、意見を集めてアップデートする。書いてみるとわかることがあるのと同じで、見せるからわかることもあります。

ときどき見直したりして、気に入った！　と思えるようになるまで、考え続けることをやめないことです。書けたら、ぜひ声に出してみてください。文字は音です。声に出して言霊《ことだま》にしていきましょう。そうすれば、長い目で見たときに、あなたの財産になるひとことに、きっと出会えるはずです。

やってみよう

— 自分のいいところを書き出して、声に出して読んでみよう

おわりに

「あなたらしいひとこと」に出会おう

もしも、伝えたいことを腑に落ちる言葉でひとことにできるようになったら。上りたくてもなかなか上れなかった階段を、ヨイショッと一段上るようなものだと思います。

それはとても眺めのいい景色です。今まで見ていたけど、実は見えていなかったものが見えてきます。つまりは、見通しがきくということ。

言葉が好き。ただそれだけの理由でトコトコと歩いてきたように思います。けれど、それは掘り下げると、「日本語が好きだったから」のひとことに尽きるなあと、年を重ねて強く思うようになりました。私が日本人だから、ということもあるでしょう。日本語には、たくさんの「答え」がはじめから書いてある。そんなふうにも思うようになり、日本語をこころから味わえるようになりました。

好きという字は、どうして「女の子」なんだろう。恋は、こころが下で、愛はこころが真ん中に来るのはなぜなんだろう。恋愛はあるけど愛恋と言わないのは、愛から恋に変わることはないからか……などなど。

もともと画を描くように生まれた象形文字である漢字を、画を見るように楽しむ。意味を伝える漢字の並ぶ順番、ひらがなという字のやわらかさ、美しい音のつらなりを細やかに感じながら日本語という言葉に、私はいまだたくさんのことを教わっています。


日本語はほんとうに繊細です。自分を伝える表現にしても、わたし、わたくし、僕、俺、自分、儂《わし》、あたし……方言まで入れたら、それだけでもけっこうな数だと思います。

英語は〝I〟ひとつなのに、一人称でここまでさまざまな言い方があるのは、なぜ？そう聞かれたら、私なら、自分を伝えるたくさんの言い方が日本人に必要だから、と答えます。それぞれが「しっくりする言葉」がちがうから。

こうして今もたくさんの表現が残っているのが、その証拠です。もしもいらない言葉なら、自然に使われなくなっていく。同時に、そのくらい日本人は「細やかに伝えたい民族だ」ということ。こころの機微まで細やかに伝えられる、言葉の選択肢をたくさん持っている民族だとも言えます。

たくさんあるから、「ひとこと」に悩む。たくさんあるから、「表現」に悩む。それが現代に置かれた悩み多き私たちなのかもしれません。

短いひとことを求めるなら、言いたいことは「ひとつ」でいい。

問題を深く見つめていけば、大事なひとつは必ず浮かび上がってくる。その大事なひとつ、物事の根っこが見つかったら、ひとことはもうできたようなもの。伝えたい気持ちをいっぱい見つめて、上手な表現をしようとしないこと。

小学校へレクチャーに行くと、子どもたちはほんとうに自由なひとこと(キャッチコピー)をつくります。

みんなを笑わせようとする子、自分が納得する表現にこだわる子、真面目な表現をする子……。共通しているのは「みんな楽しそうだ」ということ。書けたあとはとても満足そう。子どもは、「見て見て！」といつも伝えたい気持ちにあふれています。

子どもは、「言葉の新しい組み合わせ＝表現」に一生懸命ではありません。自分の持っているありったけの語彙を使って「しっくりする、自分の納得できる言い方」を見つけようと夢中です。だから、発表でとても堂々としているし、「ありのままの、その子らしい」のです。

この姿勢は大人の方にも、ぜひ目指してほしい姿です。

私の場合、仕事として成立するような言葉をつくれるようになるまでかなり遠回りしました。けれども、夢中になって自分ではない誰かのために書いてきた言葉は、どれも坂本さんらしいね、と評価をいただいています。私もひとこと化の過程では、子どもたちとよく似ているかもしれません。

不器用なぶん、遠回りをしたおかげで、その間たくさんの方とお仕事のご縁をいただきました。13年もの間、鳴かず飛ばずの私をあきらめずに育ててくださった師匠・一倉宏さん、檄《げき》を飛ばしながらコピーライターとしてさらに高い場所へと連れて行ってくださった、株式会社ドラフト代表の宮田識さん。

その他にも影響を受けた方、いい刺激をくださる方は数えきれないほどいます。お仕事をご一緒させていただいたお客様、クリエイティブ制作で一緒になるチームのひとりひとり、名付けやスローガンの仕事は一期一会のお客様もたくさんいらっしゃいます。

本書にはそういった多くの方とのご縁の中で教わったことや見つけた学びがちりばめられています。私ひとりが書いたというよりは、その方々の力で書けたようなものです。

書くことは地味で、今も昔もやっていることは同じようですが、こうして書き続けられるのは、手元から旅立った言葉たちを使い続けてくださる方や、見つけてくださる方のおかげです。

最後になりましたが、本書の編集者である林えりさんも、私を見つけてくださったひとりです。「ひとこと化ができるようになりたい！」という熱意で、書籍編集者として最後まで伴走してくださいました。こころより感謝申し上げます。

2023年1月

坂本和加

［著者］
坂本和加（さかもと・わか）
合同会社コトリ社代表
文案家（コピーライター）／クリエイティブディレクター
大学を卒業後、就職氷河期に貿易商社へ入社。幼少期から「書くことを仕事にしたい」という漠然とした思いがあり、1998年にコピーライターに転職。最初の2年は150字程度のPR文をひたすら作成していたが、まったく書けなくて徹夜の日々。「キャッチコピーらしいコピーを書きたい」という思いが芽生え、数社の広告制作会社を経て、2003年に一倉広告制作所に就職。師匠である一倉宏氏に「お前のコピーは長い」「頭で書くな」と言われながら、「ほんとうに伝えたいこと、伝えるべきことはなんなのか」を深掘りすることで、だんだんと「短く、深いコピー」が書けるようになった。2016年に独立し、現在は合同会社コトリ社代表。
本業に加えて、自身のキャリアを通して身につけた「ひとこと化」の考え方、技術はどんな人にも役立つと考え、32歳のときから、企業・学校団体向けにコピーライティング技術を用いたワークショップを行っている。本書では、その「ひとこと化」の考え方・技術を余すところなく紹介。主な仕事に、「カラダにピース。」「行くぜ、東北。」「WAON」「イット！」「健康にアイデアを」「こくご、さんすう、りか、せかい。」などがある。受賞歴に毎日広告デザイン賞最高賞ほか多数。著書に『あしたは80パーセント晴れでしょう』（リトルモア）ほか。東京コピーライターズクラブ会員。日本ネーミング協会会員。

https://cotori-sha.com
Twitter：@wacapon

ひとこと化
――人を動かす「短く、深い言葉」のつくり方

2023年２月14日　第１刷発行

著　者――坂本和加
発行所――ダイヤモンド社
〒150-8409　東京都渋谷区神宮前6-12-17
https://www.diamond.co.jp/
電話／03･5778･7233（編集）　03･5778･7240（販売）
ブックデザイン―三森健太（JUNGLE）
図版――――松好那名（matt's work）
DTP――――ベクトル印刷
校正――――鷗来堂
製作進行――ダイヤモンド・グラフィック社
印刷・製本―ベクトル印刷
編集担当――林えり

ISBN 978-4-478-11718-7